图书在版编目（CIP）数据

游戏中的科学/张志通主编． — 北京：北京工艺美术出版社，2018.6

ISBN 978−7−5140−1342−9

Ⅰ.①游⋯　Ⅱ.①张⋯　Ⅲ.①科学知识−青少年读物　Ⅳ.①Z228.2

中国版本图书馆CIP数据核字（2017）第174788号

出 版 人：陈高潮
责任编辑：张怀林
装帧设计：子　时
部分图片来自：www.quanjing.com
责任印制：宋朝晖

游戏中的科学

张志通　主编

出　　版	北京工艺美术出版社
发　　行	北京美联京工图书有限公司
地　　址	北京市朝阳区化工路甲18号
	中国北京出版创意产业基地先导区
邮　　编	100124
电　　话	（010）84255105（总编室）
	（010）64283627（编辑室）
	（010）64280045（发　行）
传　　真	（010）64280045/84255105
网　　址	www.gmcbs.cn
经　　销	全国新华书店
印　　刷	北京中振源印务有限公司
开　　本	720毫米×1020毫米　1/16
印　　张	20
版　　次	2018年6月第1版
印　　次	2018年8月第1次印刷
印　　数	1～5000
书　　号	ISBN 978−7−5140−1342−9
定　　价	56.00元

　　苏联儿童教育专家克鲁普斯·卡娅曾说："对于孩子们来说，游戏是学习，是劳动，是行之有效的教育方式。"通过游戏，孩子们不仅能将课堂上学到的知识加以实践，学以致用，提高认知能力，增强学习兴趣，而且可以激发想象力，启迪创造性思维，接受"头脑体操"的训练，玩出好成绩，玩出好思维。

　　科学和游戏密不可分，许多伟大的科学发现就是从游戏中诞生的。我们所熟知的元素周期表的创立者门捷列夫，就是用一副扑克牌发现了自然界各种物质间的关系；大科学家牛顿玩三棱镜创立了光谱学；李波尔赛看孩子游戏突发灵感，将两片透镜装在一个筒子里，试制成功了世界上第一个望远镜，这最终导致了"日心说"的伟大发现……可以说游戏激发了创新思维，激发了创造力。孩子们通过游戏，可以越玩越聪明，越玩越智慧。

　　本书精选了近150个简单易做、妙趣横生的科学小游戏，内容涉及数理化、天文、地理、生物等各领域，既有严谨认真的经典科学实验，又有趣味十足的科技小发明，还有令人惊叹不已的生活小窍门。每个游戏都分为"工具百宝箱""趣味游戏DIY"等版块，为使读者更全面深入地理解每个小游戏的科学原理和相关知识，书中特设了"爱迪生告诉你"和"生活中的科学"等小栏目，向读者阐释科学原理的细节及应用。同时，细致、详尽的步骤图、直观的实物图、有趣的实景图，既深入挖掘了图片内涵，又对相关知识做了补充与拓展，从而指导孩子轻松准确地进入每一个游戏，激发他们热爱自然、探索科学的浓烈兴趣。

　　用纸杯真的也能烧开水吗？镜子成像的背后究竟有何秘密？为什么小鱼在沸水中还能欢快畅游？收音机中果真藏有传说中的幽灵吗……这是一本令广大小朋

友着迷的科学魔法书，通过一个个精彩有趣又极富创意的游戏，将原本晦涩难懂的科学原理加以形象演绎，既培养孩子们科学的思维方式和实际的动脑、动手能力，又开阔其眼界，从而引领其进入科学殿堂，揭开科学的神秘面纱，开始一段奇妙的科学探索之旅。

Contents 目录

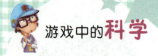

第二章　光与色的游戏 `63`

第四章　电与磁的秘密　93

第五章　人体的奥秘　131

第六章　神奇的化学　165

第七章　声音魔力棒　195

第八章　奇幻自然界　225

第九章 奇趣动物国　　257

第十章 植物也"调皮"　　281

游戏中的**科学**

第一章

力与运动的博弈

1

力无处不在，正因为有力，世界才能不断地运动，万物才会生生不息。本章的小游戏会教你一些关于"力"的"小法术"：如让鸡蛋壳变得很坚硬，让纸杯可以叠罗汉，轻轻松松地取出骰塔中的硬币，用筷子去提米……很厉害吧！快来试一试。

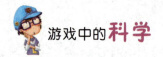

坚强的鸡蛋壳

一片薄薄的鸡蛋壳，居然有如此大的本事，不知它是投到了孙悟空门下，还是拜了哪吒为师，现在就让我们看一看它到底有多大的能耐！

 工具百宝箱

1 一个空瓶　　　2 一支铅笔　　　3 半个鸡蛋壳

 **趣味游戏DIY**

① 将半个蛋壳开口向下扣在瓶口上，然后拿一支铅笔，在笔尖离蛋壳5~10厘米的高度竖直向下落到蛋壳上（铅笔不要削得太尖），观察会发生什么。（图1）

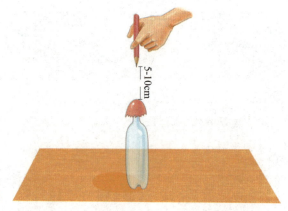

图1

② 将蛋壳开口向上放在瓶口上，然后拿一支铅笔，在离蛋壳与上次同样的距离竖直向下落到蛋壳上，观察会发生什么。（图2）

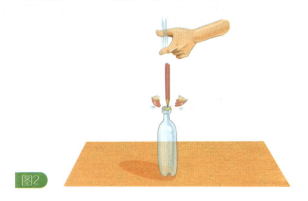

图2

③ 当蛋壳开口向下时，铅笔砸不破鸡蛋壳；当蛋壳开口向上时，铅笔很容易就将蛋壳砸破。

爱迪生告诉你

椭圆形的鸡蛋壳和凸面向上的物体，能把外来的力沿表面分散开，因此可以承受较大的压力。在实验中，当铅笔撞击蛋壳凹处时，力量都由撞击点承受，所以蛋壳容易破；当铅笔撞击蛋壳的凸面时，力量分散了，所以蛋壳不容易破。

【生活中的科学】

拱形桥不但造型美观，而且比直线桥更为坚固。这是因为拱形桥的形状为圆弧形，圆弧形具有把外界所加的力均匀地分散开的特性。因此，在相同压力的作用下，能够分散压力的拱形桥比直线桥更为坚固。此外，隧道建成拱形也是这个道理。

漂浮的缝衣针

我们知道重物放在水中会沉入水底，尤其是铁制品。针是由铁制成的，不做任何处理，它就能浮在水面上，难道是由于它的体积小？还是其中隐藏着什么秘密呢？

 工具百宝箱

1 一杯清水　　　　2 一把叉子　　　　3 一瓶洗涤剂

4 一根缝衣针　　　5 一个盘子

 趣味游戏DIY

① 往盘子里倒入适量的水，用叉子托住缝衣针，轻轻放到盘子里。（图1）

图1

② 针并没有下沉，而是浮在水面上。

③ 向盘子里滴上几滴洗涤剂。（图2）

图2

④ 加入洗涤剂后，针立即下沉到盘底。（图3）

图3

爱迪生告诉你

　　清水中，针之所以不会下沉，是由于它被水的表面张力支撑住了。水的表面张力是由水分子间相互吸引、挤压所形成的促使水的表面收缩的力，就是这种力托住了针。当加入洗涤剂后，水分子之间的引力降低，表面张力变小，支撑不住针的重量，所以针就下沉到了水底。

【生活中的科学】

　　生活中，水的表面张力很常见。当你往杯子里倒水时，水面和杯口相平时，不要停，继续倒水。当水面已经比杯口高时，水并没有溢出，因为水的表面张力将水分子紧紧地靠拢在一起，阻止了水的溢出。在自然界中，我们可以看到很多表面张力的现象和对表面张力的运用。比如，某些昆虫可以漂浮在水面上，甚至在水面上行走。

会叠罗汉的玻璃杯

将一个装满水的杯子倒扣在另一个装满水的杯子上，结果杯口向下的杯子里的水居然没有漏出来，你知道这是怎么回事吗？快来亲自动手试一试吧！

 ## 工具百宝箱

① 两个玻璃杯   ② 一张纸   ③ 一个盘子

  ## 趣味游戏DIY

① 将两个玻璃杯装满水。

② 将一个杯子盖上纸片，一边用手轻压着纸，一边慢慢将杯子倒过来，扣到另一个杯子上。（图1）

图1

③ 仔细地把两个杯口对齐，轻轻地抽掉中间的纸片。

④ 你会发现，中间的纸片抽出后，上面那个玻璃杯里的水一滴也不会洒出来。（图2）

爱迪生告诉你

虽然两个杯口不可能完全密合，但是由于水本身具有的表面张力，杯口之间的空隙会被填满，再加上外面大气压力的作用，就能做到"滴水不漏"了。

【生活中的科学】

打气筒是利用大气压力作用制成的。打气筒内有一个活塞，向上拉活塞时，活塞上方的空气就从四周挤到下方；向下压活塞时，活塞下方空气体积缩小，压力增大，继续向下压活塞，当空气压力足以顶开轮胎气门上的橡皮套管时，空气就进入了轮胎里。

掉不下去的纸盒

一个纸盒放在桌子角处，却没有掉下去，纸盒并没有被任何东西固定在桌子上，是什么让它稳稳地"站"在桌子角处呢？

工具百宝箱

1 一个长方形纸盒　　　　**2** 一块铅块或铁块　　　　**3** 一张薄纸板

趣味游戏DIY

1 将铅块固定在长方形纸盒的一个角处。

2 再把薄纸板放在纸盒中，贴紧铅块。（图1）

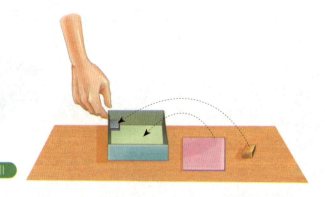

图1

3 可以把放有铅块的纸盒的那个角，放在桌子的一个角上，纸盒其他部分在桌子外。

④ 你会发现，纸盒
不会掉到地上，能稳稳
地"站"在桌子角处。
（图2）

图2

爱迪生告诉你

　　每个物体都有一个重心，整个物体围绕这个重心通过重力保持平衡。像纸盒这样有规则形状的物体，重心一般都在它的几何中心位置。如果你把纸盒按上面的方式放在桌子的一个角上，它就应该掉在地上。但铅块却没有使它掉下去，因为纸盒的重心移到了铅块的位置。

【生活中的科学】

　　改变物体的重心，可以改变物体停留的状态。由此人们发明了不倒翁，它上轻下重，重心总是在最下面，无论你怎么把它按倒，因为重心位置未变，它还会站起来，总是不倒。上轻下重的物体比较稳定，也就是说重心越低越稳定。在生活中为增加物体的稳定性，我们常采用加重下面的重量的方法，如电扇底座、话筒架、公共汽车站牌等。在工厂中，许多大型机器设备的体积和质量都比较大，降低机器的重心，就可以增加机器的稳定性，不容易出现事故。

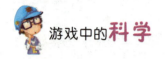
承载重物的纸片

单薄的纸片在改变形状之后，竟然能托起比它重好多倍的玻璃杯，太不可思议了！你一定不相信吧，那就来动手试试看吧！

工具百宝箱

① 一张比较结实的纸　　　　② 三个同样大小的空玻璃杯

趣味游戏DIY

① 把两个玻璃杯倒立放在桌子上，中间留适当的距离。

你知道吗？

什么是静力学

静力学是研究物体平衡的学科，也就是研究能使物体保持静止不动状态的条件。对于建造楼房、桥梁，静力学的规律是重要的基础性理论，因为它规定了在建造中怎样平衡各种力：建筑物房顶的重力、在铁路桥上驶过的火车的重力、风力……只有所有这些力都在建筑结构中被抵消，才能保证建筑物的安全稳固。

稳定结构的杰作就是金字塔，它有着宽大的支撑基础，重心的位置也比较低。

② 在两个杯子上放一张比较结实的纸，再在纸上放第三个杯子，看看能托住吗？（图1）

③ 把纸折成手风琴风箱状，再试一次上一步骤，看看杯子会不会掉下来。（图2）

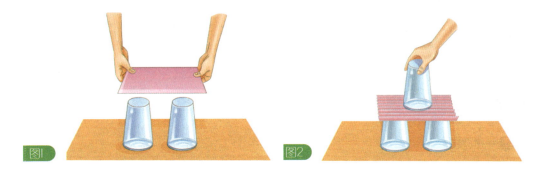

图1　图2

④ 第一次，纸根本托不住杯子，杯子掉下来了；第二次，杯子竟然稳稳地被纸给托住了。

爱迪生告诉你

一张纸的支撑力很弱，然而当纸被折叠后，杯子的重量就分担到了多个折痕上，折痕能够将杯子的重量平均分配，杯子就不会掉下来了。

【生活中的科学】

桥梁的设计也会采用这样的方法。一座桥横跨在河上，难免会因为承重不够而使通行受到限制。如果在桥的下面建很多桥墩，就可以将桥上的重量分散到多个桥墩上，这样桥就可以承载更大的重量了。

"喷气式" 气球

我们经常看到飞机在天上飞来飞去，可是你知道它们是靠什么来提供动力的吗？通过下面的实验，让我们一起来探究一下吧！

工具百宝箱

① 一根绳子　　　　　② 一个中号气球

③ 一根吸管　　　　　④ 胶带

趣味游戏DIY

① 将绳子穿过吸管，在房间内寻找两个高度相同的点，并把绳子拉直，将两端紧紧系在这两个点上。（图1）

② 将气球充气，并用手指夹紧气球口。（图2）

③ 用胶带把气球粘在吸管的下方，然后把气球拉到绳子的一端。（图3）

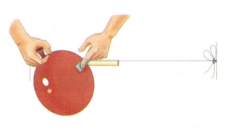

④ 用手指捏住气球口，然后松开。

⑤ 气球会带着吸管飞快地向前滑去。

图3

爱迪生告诉你

当充气的气球封闭时，气球里面的空气气压均匀地作用在气球内壁上；当气球口被松开时，气球内部的空气喷出，在后面产生一个推力，推动气球向前运动。

【生活中的科学】

对于每一个作用力，都有一个反作用力。游泳运动员手臂向后划动，在相反的方向就会有一股同样大小的力，使游泳运动员向前游动。喷气式飞机也是利用这个原理，它通过向后喷射出很热的废气，而得到一个十分强大的反作用力，从而推动飞机向前移动。

13

是谁晃动了天桥

当你站在天桥上，一辆大汽车从桥下经过时，你会感到桥在振动，也许此时你会产生恐慌。其实，不必害怕，这是共振现象。赶快通过下面的实验一起来验证一下吧。

 工具百宝箱

1 两根15厘米长的粗铁丝　　　**2** 一把钳子　　　**3** 两把椅子

4 两个胶卷盒　　　**5** 大小相同的螺丝钉　　　**6** 细绳

 **趣味游戏DIY**

① 用钳子将每根铁丝的一端捏成一个小钩（力气小的可找成人帮助）。（图1）

② 在两个胶卷盒的盖子中心钻一个小孔，把铁丝直的一端穿入孔内，并弯成一个小钩，使胶卷盒盖不能脱落。（图2）

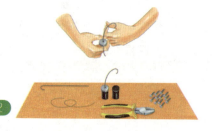

③ 在每个胶卷盒中放置同样多的螺丝钉，盖上盒盖。

④ 两把椅子背对着放置，中间拉一根细绳，注意把细绳拉紧。然后把两根铁丝挂在细绳上，间隔大于10厘米，而且每根铁丝到细绳中点的距离相等，摆动其中一个胶卷盒。（图3）

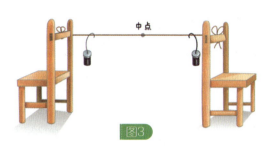

图3

⑤ 第二个胶卷盒慢慢地开始摆动，直到和第一个胶卷盒摆动的幅度相同。

爱迪生告诉你

实验中，两个胶卷盒摆的长度相等，当摆动其中一个时，它会通过细绳向第二个胶卷盒摆传递振动，当振动达到第二个摆的固有频率时，第二个摆将和第一个摆以相同的频率摆动，这种现象叫共振。天桥振动就是这个原理。

【生活中的科学】

夏天，蟋蟀会发出"嘶嘶"声，树上的蝉会发出"知了，知了"声，蝈蝈也会发出响亮的鸣叫声，尽管它们的声调不同，但它们的共同之处都是借助了共振的原理——靠摩擦身体的某一部位与空气产生共鸣而发声。

骰塔中取硬币

　　摞起的骰子中间有一枚硬币，不接触骰子，怎样才能取出中间的硬币呢？这是不是很有挑战性？做完下面的实验，你会发现取出硬币易如反掌。

🧪 工具百宝箱

1 六颗塑料骰子　　　　　　　**2** 一枚一元硬币

3 一支带弹簧按钮的圆珠笔

趣味游戏DIY

① 将六颗塑料骰子摞在一起。（图1）

② 把硬币放到摞起的骰子中间。（图2）

图1

图2

③ 按住圆珠笔上的弹簧按
钮，保持一点儿距离，放开弹
簧，弹向骰子中间的硬币。

④ 当手指放开弹簧按钮
时，硬币瞬间从骰子中被弹了出
来。（图3）

图3

爱迪生告诉你

　　圆珠笔的螺旋弹簧的运动，瞬间传递给了硬币，但由于硬币表面光滑而阻力小，所以不能传递给骰子。

　　骰子的重量赋予了它惯性，使它停在了原地不动，而硬币因受到快速的作用力被弹了出来。

【生活中的科学】

　　物体惯性的例子很多。在冰面上滑行时，由于摩擦系数小，脚步的行动速度快，而上身的动作却滞后于下肢，所以重心往后，惯性使下肢继续往前，所以会仰天倒下。

　　急速奔跑被绊倒，原本前倾的重心因为下肢动作突然停止，而上身不停止，惯性使重心前移而趴倒在地。

小小降落伞

降落伞俗称"保险伞"，当飞机出现事故时，人们会通过降落伞来起到保护和减速作用，从而使人从高处落下时不会摔伤，能安全着地。下面我们就用简单的材料，一起来做一个降落伞吧。

 工具百宝箱

1️⃣ 一张大塑料布　　2️⃣ 一团棉线　　3️⃣ 两个垫圈

4️⃣ 一把剪刀　　5️⃣ 一把尺子

 **趣味游戏DIY**

① 从塑料布上分别剪下一块边长为30厘米和一块边长为60厘米的正方形塑料布。（图1）

② 分别用4根长度相同的棉线绑在一个正方形塑料布的4个角上，并将4根棉线的另一端绑在一起打个结。同样，再把另一个正方形塑料布也按刚才的步骤操作。（图2）

图1

图2

③ 将两个垫圈分别系在棉线打结的一端，这样两个"降落伞"就制作完成了。（图3）

④ 站在高处，将两个"降落伞"在同一高度同时落下，你会发现，小的"降落伞"先着地，大的"降落伞"后着地。

图3

爱迪生告诉你

　　当重力作用使两个物体从空中往下落时，空气会对物体产生一个向上的推力，也就是空气的阻力。物体的表面积越大，受到的空气的阻力也就越大，下落的速度也就越慢。实验中，大的"降落伞"的表面积要比小的"降落伞"大，受到的阻力也就大，下落的速度就会变慢，所以大的"降落伞"后着地。

【生活中的科学】

为什么小虫子从高空落下来不会摔伤？

　　小虫子下落时有一个极限速度，达到这个速度时小虫子所受到的空气阻力会使其下落速度不再增大。另外，因为小虫子的质量小，动量就小，所以落地时的冲量也小。这样，小虫子落地时所受到的冲力小于其肌体所能承受的最大冲力，所以它们从高空落下通常不会受伤。

19

游戏中的**科学**

纸杯的离心力

将系着绳子的纸杯快速做圆周运动，杯子里面的水竟然不会洒出来，你知道这是怎么回事吗？完成下面的小实验，你就明白其中的奥秘啦！

工具百宝箱

1. 一把尺子
2. 一把剪刀
3. 一个纸杯
4. 一团棉线
5. 一个量杯
6. 一支铅笔

趣味游戏DIY

① 用铅笔尖在纸杯外侧靠近杯口的地方钻两个相对的洞。（图1）
② 把约60厘米长的棉线的两端系在杯子的两个孔上。（图2）

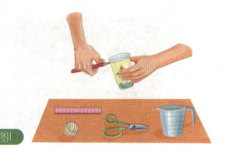

③ 向纸杯中倒入半杯水。（图3）

④ 拿着棉线，快速地上下左右做圆周运动。

⑤ 你会发现，纸杯里的水还好好地待在杯子里，不会洒出来。

图3

爱迪生告诉你

水不会洒出来是因为受到了离心力的作用。实验中，纸杯里的水在离心力的作用下被压在了杯底，在圆周运动中，离心力的作用大于水本身受到的重力的作用。因此，纸杯里的水不会洒下来。

【生活中的科学】

为什么过山车能在轨道上倒着行驶而不掉下来？

离心力是物体在做圆周运动时所受到的一种与指向圆心方向相反的作用力。游乐场中的过山车倒着行驶也不会掉下来是因为受到了离心力的作用。它在做圆周运动的时候，受到的离心力的影响大过其本身受到的重力的作用。因此，即使过山车在轨道上倒着行驶也不会掉下来。离心力的大小与物体的速度的平方成正比。因此，过山车越快，惯性离心力越大，也就越不容易掉下来。

游戏中的**科学**

如何改变物体的浮力

　　同一个物体，在水中受到的浮力是不变的，那我们该如何改变它受到的浮力，使它既能上浮，又能下沉呢？动手试试吧！

工具百宝箱

❶ 一个玻璃杯　　　　　　❷ 一瓶汽水　　　　　　❸ 一块橡皮泥

趣味游戏DIY

　❶ 把橡皮泥掰成几十粒米粒大小的小块。（图1）

　❷ 在玻璃杯里倒入半杯汽水。（图2）

22

③ 马上把橡皮泥一粒一粒地放入汽水中。（图3）

④ 过一会儿，你会发现橡皮泥上会有很多气泡出现，随后，橡皮泥会浮到水面上，然后再沉到杯底。沉到杯底的橡皮泥又会冒出许多气泡，然后上浮……如此反复。

图3

爱迪生告诉你

当橡皮泥的重力大于它所受到的浮力时，橡皮泥就会沉下去，汽水中的小气泡就像是绑在橡皮泥上的氢气球一样，使橡皮泥受到的浮力增大而浮到水面上来。

等浮到水面，小气泡破裂后，浮力变小，橡皮泥又会沉下去。

【生活中的科学】

潜艇是一种能潜入水下活动和作战的舰艇，也称潜水艇，是海军的主要舰种之一。潜水艇的底部有一个空舱，当它想沉入水底时，就打开空舱的门，让水灌进来，潜水艇因重力变大而渐渐下沉。

如果潜水艇想浮出水面，就将高压的空气注入空舱，使舱内的水排出，则空舱内充满空气，潜水艇因重力变小而上浮。

筷子提米

筷子怎么能把一杯米提起来呢？你一定怎么想也想不明白这是怎么一回事吧。那赶快动手试试看，看看筷子究竟是如何将一杯米提起来的。

 工具百宝箱

 ❶ 适量的米　　　　　 ❷ 一根竹筷　　　　　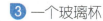 ❸ 一个玻璃杯

 **趣味游戏DIY**

① 将米倒满玻璃杯。（图1）
② 用一只手将杯子里的米压一压。

图1

③ 从手指缝间插入一根竹筷，再用手压紧米粒。（图2）

④ 用手轻轻提起筷子，你会发现，杯子和米被筷子一起提了起来。

爱迪生告诉你

　　物体和物体之间有摩擦力，当物体受到力的作用要运动时，摩擦力就会从相反方向阻碍物体的运动。在实验中，由于杯子内米粒与筷子之间的挤压，使杯子、筷子和米粒紧紧地挤在一起，这样杯子、筷子和米粒之间的摩擦力增大。将筷子向上提起，米粒和杯子由于摩擦力的作用阻碍筷子向上运动，结果就被筷子一起提了起来。

【生活中的科学】

　　摩擦力在生活中起到了非常重要的作用。例如，我们在走路的时候，是鞋底对地面施加向后的力，产生了摩擦力，我们才能向前行走，不至于滑倒。汽车能在疾速行驶中及时刹车，也是轮胎与地面产生的摩擦力在起作用，从而避免了交通事故的发生。

有魔力的水

　　人们常说"死海不死"，是说死海可以让不会游泳的人也漂浮在海面上，你知道这是为什么吗？完成下面的实验，你就会明白其中的道理了。

 工具百宝箱

① 两个透明的塑料杯　　② 一些盐　　③ 两个鸡蛋

④ 一把汤匙　　⑤ 一支笔

 **趣味游戏DIY**

① 将两个杯子都装3/4杯的水。

② 往其中一个杯子中加入5汤匙的盐，并搅拌均匀，然后用笔在杯子外侧写上"魔水"。（图1）

图1

③ 将两个鸡蛋分别放入两个杯子中，观察现象。

④ 在写有"魔水"的杯子中，鸡蛋会浮起来；而在另一个杯子中的鸡蛋则会往下沉。（图2）

图2

爱迪生告诉你

实验中，"魔水"就是盐水。鸡蛋比水的密度大，所以下沉。盐水的密度又比鸡蛋大，所以鸡蛋会上浮。

【生活中的科学】

死海是西南亚著名的大咸湖，是地球上已露出陆地的最低洼处，这里因温度高、蒸发强烈，湖水的含盐度非常高，游泳者很容易浮起来。湖中及湖岸均富含盐分，在这样的水中，鱼和其他水生物都难以生存，水中只有细菌和海藻。岸边及周围的地区也没有花草生长，故人们称之为"死海"。

游戏中的**科学**

可以伸缩的"手臂"

如果让你拿一个你够不着的东西你一定会想，如果有一个能伸缩自如的手臂，那该多好啊！用的时候把它伸长，不用的时候再收起来，那就省事多了！

 工具百宝箱

1️⃣ 硬纸板   2️⃣ 螺栓和螺帽若干   3️⃣ 染料

4️⃣ 一把钳子   5️⃣ 一把剪刀   6️⃣ 一把染料刷

 **趣味游戏DIY**

① 将硬纸板剪出6个长20厘米、宽5厘米的长方形"手臂"，并将长方形的两头剪成椭圆形。（图1）

图1

②在几条"手臂"上涂上自己喜欢的颜色。（图2）

③利用螺栓和螺帽将"手臂"连接起来。（图3）

图2

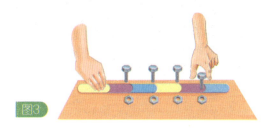

图3

④用双手握住一端，向里收，再向外拉，观察现象。

⑤你会发现，"手臂"可以收缩和拉伸了。

爱迪生告诉你

　　伸缩"手臂"是利用了连杆原理。当我们在手柄上施加拉力的时候，这个力会连续传导下去，使"手臂"上的"关节"部分全部张开，所以，"手臂"会伸长。反之，"手臂"上的"关节"部分会收缩，"手臂"就会缩短。

【生活中的科学】

　　连杆是汽车发动机中的重要零部件，又叫作活塞连杆，它是连接活塞和曲轴的部件。它能将作用在活塞上的力传递给曲轴，并将活塞的往复运动转化为曲轴的旋转运动。

"倔强"的乒乓球

如果将一个能漂浮在水面上的物体放在流动的水中，它会被水流冲走，而放在水龙头下的乒乓球却怎么也冲不走，这是为什么呢？

工具百宝箱

① 一个水盆　　　　　　　② 一个乒乓球

趣味游戏DIY

① 将水盆放在水龙头下，接小半盆水。

② 把乒乓球放在水盆里。（图1）

图1

③ 让乒乓球靠近水盆壁。

④ 将水龙头打开，通过观察你会发现乒乓球立刻被水流吸引过来，无论水流怎么冲，也不能将乒乓球冲走。（图2）

图2

爱迪生告诉你

将水龙头打开时，贴近乒乓球的水流速度大，压强小；外层的水流速度小，压强大，而且四周的压力基本相等，所以乒乓球只能在水里不停翻滚，却无法摆脱水流。

【生活中的科学】

风筝为什么能够飞上天？

这是因为当风筝迎着风飞时，风吹在风筝上，会对风筝产生一个压力，这个压力垂直作用于风筝的面。由于风筝的面是斜着向下的，所以这个压力是斜向上作用于风筝的。由于风筝的重量很轻，所以斜向上的空气压力足以把它送上天。

猜你不知道

▌你能不能用简单的办法就知道你的拳头的重量呢?

这个问题听起来蛮有意思的，不过细细一想还真有点儿难度。不要着急，我们可以利用阿基米德浮力定律来实现你的想法。首先，把一只装水的容器置于电子秤上，记下它们的重量。然后，把你的拳头放入容器内的水中，但不能接触容器，也不能让水外溢。从电子秤显示器上显示的数字的变化，你就可以算出拳头的重量。

▌地球那么重，我们到底能不能撬动它呢?

古希腊哲学家阿基米德曾经宣称：“给我一个支点，我能撬动地球！”这是什么道理呢？其实，根据杠杆原理，用很小的力撬起很重的东西是可以实现的。如果在一个支点上放一根足够长的杠杆，一边是人，另一边是地球，当支点离人比离地球足够远时，我们的愿望就可以实现了。当然，这只是一个假想。

▌节日里放飞的气球都到哪里去了呢?

每逢节日庆典，人们都要集中放飞气球以增加节日的气氛。当这些气球飞向天空之后，它们都去哪儿了呢？原来气球越飞越高，随着高度的增加，大气变得越来越稀薄，大气的压强也减小了，而气球内部的气体无法释放出来，里面的压强没有变化。在内外压强不一致的情况下，气球飞到一定高度就会被胀破，最终变成碎片落到地上。

第二章
冷和热的较量 2

冷和热不像光与色，能直观地看到，但我们可以切身感受到。其实冷和热时刻陪伴着我们，并做着一些神奇的"表演"：用细线钓起冰块，用纸杯烧开水，让灯笼飞上天，让瓶子吹泡泡……欲知冷热奥秘，快来一起游戏！

能钓冰块的细线

钓鱼大家都见过吧？当贪吃的鱼咬住鱼钩时，钓鱼者就很容易将鱼钓上来了。现在让你用一根细线去钓一块很滑的冰块，你能做到吗？

 工具百宝箱

1️⃣ 清水　　　　　2️⃣ 几块冰　　　　　3️⃣ 一个盘子

4️⃣ 一根细线　　　5️⃣ 食盐　　　　　6️⃣ 一根牙签

 **趣味游戏DIY**

①把冰块放在盘子中。

②将细线的一端浸入水中，然后放在冰块上。（图1）

你知道吗？

水分子结构是怎样的？

几乎所有的物质都有热胀冷缩的性质。4℃以上的水受冷后会收缩，但是如果继续降温，水就会开始膨胀并结冰。这是因为冰分子之间的距离会开始扩大，并呈六边形排列。

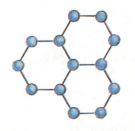

③ 用牙签将盐沿着细线撒在冰面上。（图2）

④ 过一段时间后，提动细线，你
会发现，冰块也随着细线被提了起来。
（图3）

爱迪生告诉你

在实验中，当在冰块上撒盐之后，冰块会稍稍融化。在冰块表面融化
时，棉线会嵌入水中，当水再次凝结成冰时，就可以把冰块吊起来了。

【生活中的科学】

冬天，在结冰或积雪的路面上行驶车辆非常
危险。把盐撒在有冰或雪的路面上，由于盐溶解于
水时会释放出大量的热，而盐水混合物的熔点比雪
低，而且盐水浓度越高，熔点就越低，这样很容易
使冰雪融化。

纸杯烧开水

你一定知道"纸包不住火"这句话吧？但是这里有一只纸杯子，不但不怕火烧，还能将杯中的水烧开！好玩吧？那就快来试一试吧！

 ## 工具百宝箱

 1 纸杯　　　 **2** 蜡烛　　　 **3** 支撑架　　　 **4** 自来水

 ## 趣味游戏DIY

① 将纸杯放在支撑架上。

② 往纸杯里倒入大半杯自来水。

③ 点燃蜡烛，把纸杯置于火焰上，持续加热。（图1）

图1

④ 纸杯中的水慢慢变热，直到沸腾，而纸杯却毫发无损。（图2）

图2

爱迪生告诉你

　　加热时，水的温度升高，会将大部分的热量带走，而剩下的热量不足以将纸杯燃烧。纸杯的温度不会高于水温，水在纸杯中沸腾，纸杯当然不会燃烧了。

【生活中的科学】

为什么魔术师进行火焰表演时，手中的衣物会自己燃烧起来？

　　白磷是一种易自燃的物质，其着火点为40℃，因摩擦或缓慢氧化产生的热量也有可能使其局部温度达到40℃而燃烧。魔术师正是利用了白磷燃点低的特点，事先在衣物中放入了白磷，白磷接触了空气，就开始慢慢氧化，并放出热量。当产生的热量达到白磷的着火点（40℃）后，衣物就会自己燃烧起来。

往下沉的冰水

将墨水倒入水中，水很快就被墨水染成了黑色。那你能让一杯清水和一杯掺有墨水的水放在一起时，清水仍然保持清洁吗？

工具百宝箱

1 热水和冰水各一杯   2 两杯自来水

3 两块厚纸板   4 黑墨水

趣味游戏DIY

① 往装满冰水和装满热水的玻璃杯中分别滴入几滴黑色墨水,使其变成黑色。（图1）

图1

② 用厚纸板分别盖在冰水杯上和热水杯上，并将它们分别倒扣在另外两个装满自来水的杯子上。（图2）

图2

③ 小心地抽掉夹在两个杯子之间的厚纸板,观察现象。

④ 被染成黑色的冰水与下面杯子中的自来水开始混合,而被染成黑色的热水却不会和下面杯子中的自来水混合。（图3）

图3

爱迪生告诉你

对于液体来说,温度较高的部分会上升,温度较低的部分会下沉。被染成黑色的冰水的温度比下面杯中的自来水温度低,因此冰水要下沉,并与自来水混合。

【生活中的科学】

电热水壶已经成为家家户户必不可少的电器了,它使用起来方便、安全、快捷。

它的发热器是安装在底部的,当通电发热时,发热器先加热电热壶底部的水,而热水同冷水相比,热水的密度较小,这样比较轻的热水就会上升,而比较重的冷水会下沉,从而使水的温度达到均衡。

自制"空调"机

在炎热的夏天，你有没有感觉到就连电风扇吹出的风也很热？今天，让我们利用一个小窍门，使你的电风扇吹出的风和空调一样凉快！

工具百宝箱

① 毛巾   ② 毛巾架   ③ 电风扇   ④ 水

趣味游戏DIY

① 将干毛巾用水打湿，变成湿毛巾。（图1）
② 把湿毛巾挂在毛巾架上，放在电风扇前。

图1

③ 打开电风扇后，电风扇吹出的风立刻变得凉凉的，就像空调一样。
（图2）

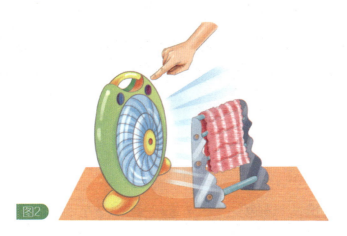

图2

爱迪生告诉你

这个实验利用了水蒸发时的吸热原理。毛巾上的水蒸发时，会从电风扇的风中吸收大量的热量，因此，风就变得凉凉的了。

【生活中的科学】

生活中许多地方都应用到了这个原理：游泳者从游泳池上岸后会感到冷，这是因为身上的水蒸发，蒸发吸热，所以会感到冷。在炎热的夏日里，我们在门口洒点水，一会儿，我们就会感觉到清凉。在傍晚的雷阵雨后，来到室外，迎面扑来的凉气，也是因为雨水蒸发，吸收了空气中的热量的原因。

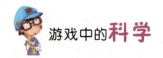

哪里来的水

你一定知道"无中生有"这个成语的意思吧，但是你有亲眼见过无中生有的东西吗？是不是感觉很神奇！别着急，下面这个实验会让你大开眼界。

  工具百宝箱

①水　②两个玻璃杯　③干燥的清洁布　④冰块若干

 **趣味游戏DIY**

① 取两个玻璃杯，用清洁布把两个杯子的表面擦干。

② 把冰块放入其中的一个玻璃杯中。（图1）

③ 分别往两个玻璃杯中加水，并使得两个杯子中的水面高度相同。（图2）

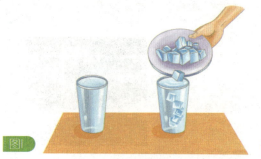

④ 静置两个玻璃杯，观察两个玻璃杯壁表面有什么变化。

⑤ 过了几十分钟后，放有冰块的玻璃杯壁表面出现了小水珠，而没有放冰块的玻璃杯壁表面没有出现小水珠。（图3）

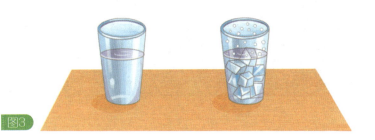

图3

爱迪生告诉你

　　空气中含有水蒸气，当水蒸气遇到冷的物体时，便会在其表面凝结成小水珠。在实验中，放有冰块的玻璃杯壁表面温度较低，当空气中的水蒸气遇到冷的杯壁时就形成了小水珠。

【生活中的科学】

　　由于太阳照射带来的热量，使水不断地从江河湖海、植物或动物的皮肤上蒸发。大量的水蒸气上升后遇到较冷的空气时，便会凝结成很小的水滴，当这些小水滴聚拢在一起时，便形成了云；当云遇到热空气时，就会分散并再次蒸发；当遇到冷空气时，云层中的水滴就会聚集在一起，由于聚集起来的水滴太重，以至于空气无法支撑它们时，便从空中掉落下来，形成降雨。

溶液的体积变小

　　如果我问你1+1等于几，你肯定会毫不犹豫地回答道："2。"可是将一杯水和一杯酒精混合在一起后，体积并不是它们体积的和。这是怎么回事呢？

 ## 工具百宝箱

① 胶带　　　　　　② 一瓶消毒酒精　　　　③ 一些蓝色食用色素

④ 一个透明的玻璃瓶　　　　　　⑤ 一个量杯（250毫升）

 ## 趣味游戏DIY

　　① 在玻璃瓶外，从上到下垂直贴一条胶带纸。往瓶中倒入一量杯水，然后在胶带纸上记下瓶中水面的位置，并写上"1"。（图1）

图1

② 再往瓶中倒入一量杯水，在胶带纸上记录下此时水瓶中水面的位置，并写上"2"。

③ 将瓶内的水全部倒掉，并把瓶子擦干。取一量杯水，并往水中滴入5~6滴蓝色食用色素，使水变成蓝色，并将其倒入计量瓶中。（图2）

图2

④ 然后再往计量瓶里倒一量杯消毒酒精，观察溶液的高度。

⑤ 溶液高度低于计量瓶标记"2"的位置。（图3）

图3

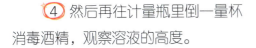
爱迪生告诉你

互相连接的水分子之间，有一定间隙，当酒精与水混合后，酒精分子会穿插在水分子的缝隙中，酒精和水的混合液的体积就变小了。

【生活中的科学】

物质都是由分子或原子构成的，而分子或原子之间都有一定的空隙，就如往一个装有石头的瓶子里装沙子，沙子只能填满石头之间的缝隙，而不能增加石头的体积。构成液体的分子之间有间隙，构成固体的分子之间同样有间隙，所以固体也可以压缩变小。

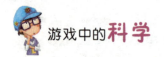

神奇的乒乓球修复术

如果你不小心把乒乓球踩瘪了，这可怎么办？别着急，我们只要把乒乓球放到装有开水的杯子里，盖上杯盖，乒乓球很快就会鼓起来。你知道这是为什么吗？

工具百宝箱

① 一只带盖的大杯子 ② 一个瘪的乒乓球 ③ 一壶开水

趣味游戏DIY

① 把乒乓球放进杯子里。（图1）

② 往杯子里倒满开水，盖好杯盖。（注意：不要烫到自己！）（图2）

图1

图2

③ 过一会儿，观察乒乓球的变化。你会发现，乒乓球慢慢地鼓了起来。（图3）

图3

爱迪生告诉你

这是应用了空气遇热膨胀的原理。被踩瘪的乒乓球遇到开水，乒乓球表面的塑料受热就会变软，里面的空气受热就会膨胀，体积就要变大，于是就把乒乓球瘪了的部分顶起来，恢复原来圆溜溜的形状。

【生活中的科学】

物体大都有热胀冷缩的现象，日常生活中我们可以见到很多这样的例子。夏季，两根铁轨之间的衔接处看上去很严密，空隙很小；而到了冬天，这空隙就会变得很大，这就是铁轨的热胀冷缩现象。

你知道吗？

小心空气膨胀

在每一个气体喷雾剂上，你都会发现这样一个警告："避免阳光直接照射，避免温度超过50℃。"通过我们之前的实验，你会知道这些警告的原因：喷雾剂里的压缩气体跟空气一样，如果受热，压缩气体就会膨胀，使喷雾剂瓶炸开！

会飞的灯笼

你见过会飞的灯笼吗？其实，在古时候就已经有这种灯笼了，称为"孔明灯"，相传是由三国时的诸葛亮为了求救所发明的，于是后世就称这种灯笼为"孔明灯"。孔明灯既没有翅膀，也没有发动机，你知道它是怎么飞到天上去的吗？

 ## 工具百宝箱

❶ 一小截蜡烛（蜡烛不要太长）　　❷ 细线　　　　　❸ 一个瓶盖

❹ 一个大塑料袋　　　　　　　　　❺ 火柴　　　　　❻ 一把锥子

 ## 趣味游戏DIY

① 用锥子在瓶盖两边各扎两个洞，把细线从洞里穿过去，系好。（图1）

图1

② 把蜡烛粘在瓶盖的中间。（图2）

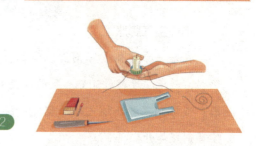

图2

③ 用细线把粘着蜡烛的瓶盖系在大塑料袋上，线的长度不能让下面的蜡烛烧坏上面的塑料袋。（图3）

图3

④ 简易的孔明灯就做好了，找一个空旷的地方，把瓶盖里的蜡烛点燃，观察会发生什么。

⑤ 点燃瓶盖里的蜡烛后，你就能看到孔明灯冉冉地升起来了。

爱迪生告诉你

　　孔明灯是利用热空气比冷空气轻的原理飞上天的，当粘在下面的蜡烛燃烧时，会使上面塑料袋中的空气温度升高，密度减小而上升，从而排出袋子中原有的空气，使自身重力变小，灯就"飞"了起来。需要提醒的是：大家在做这类实验时一定要注意安全。

【生活中的科学】

　　人们根据这一原理，发明了热气球。1783年6月4日，蒙戈菲尔兄弟在里昂安诺内广场做公开表演，一个圆周为10英尺的模拟气球升起，这个气球用布制成，布的接缝用扣子扣住。兄弟俩用稻草和木材在气球下面点火，气球慢慢升了起来，飘然飞行了1英里。

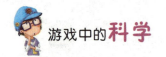
是谁降低了沸点

要让水沸腾起来，你认为是用沸水快一点呢还是用其他方式快？也许你认为用沸水烫是最好的方式。实际上，用碎冰才对！用碎冰能让水更快沸腾，这太不可思议了，我们赶紧去看看！

 工具百宝箱

① 有瓶塞的玻璃瓶　　　② 水　　　③ 大勺子　　　④ 食盐

⑤ 锅　　　⑥ 碎冰　　　⑦ 煤气灶

 **趣味游戏DIY**

① 往锅里加水。

② 在锅里的水中加盐并搅拌，加热至沸腾。（图1）

图1

③ 往玻璃瓶里加半瓶水，放进沸腾的锅里，直到瓶里的水沸腾。

④ 小心地把瓶子从锅里拿出来，马上塞上瓶塞。

⑤ 等瓶子里的水不再沸腾，把瓶子倒过来。

⑥ 先用沸水浇瓶底，瓶里的水没有沸腾起来。（图2）

⑦ 接着往瓶底放一些碎冰，瓶里的水又沸腾起来了。（图3）

图2

图3

爱迪生告诉你

　　用冰冷却瓶子，会使瓶内空气温度降低，空气密度变小，因此，瓶里的气压减小了，水在低气压的情况下，沸点也会跟着降低，所以，瓶里的水又重新沸腾了起来。

【生活中的科学】

为什么普通锅在高山上煮不熟饭？

　　在高山上，空气比较稀薄，气压相对地面较低，所以水的沸点就低于100℃。而煮熟食物需要更高的温度，但是低气压的地方，水在100℃以下就开始沸腾蒸发，而温度却不再上升了，所以在高山上用普通锅煮不熟食物。

会吹泡泡的瓶子

你在喝饮料的时候，用吸管往杯子里吹口气，这时，水面就会冒出一串串泡泡。你知道吗？塑料瓶也会吹泡泡，当你往塑料瓶壁上浇热水时，就会有大量的气泡从吸管里冒出来，你知道这是为什么吗？

工具百宝箱

1 一根吸管　　　　2 一个深的盘子　　　　3 橡皮泥

4 塑料瓶　　　　　5 一把锥子　　　　　　6 一杯冷水

7 一杯有色水　　　8 一杯热水

趣味游戏DIY

① 用锥子在塑料瓶盖上戳一个和吸管口大小差不多的小洞。（图1）

图1

② 将吸管的一端从瓶盖的圆孔插入塑料瓶中，并用橡皮泥将瓶口密封，然后把瓶子放置到盘子中，吸管的另一端插入有色水杯中。（图2）

图2

③ 先向塑料瓶壁上浇热水，然后浇冷水，分别观察会发生什么。

④ 当向塑料瓶上浇热水时，有色水杯里的吸管就会排放出大量的气泡；当向塑料瓶上浇冷水时，杯中的有色水会被吸入吸管中，甚至流入塑料瓶里。（图3）

图3

爱迪生告诉你

当向瓶壁上浇热水时，热量穿过瓶壁进入瓶中，使瓶中的空气受热膨胀，通过吸管，最后被"挤"出瓶外，有色水杯里的吸管就会吹出泡泡。当向瓶壁上浇冷水时，瓶中的空气遇冷收缩，有色水就会经过吸管流入瓶中。

【生活中的科学】

暖水瓶的瓶盖自己会跳起来，这是因为暖水瓶中的水没有装满，瓶子里面还有大量的空气，这部分空气受热后就会膨胀，由于瓶塞塞着瓶口，使空气无法排出，当空气膨胀到一定程度，瓶塞无法承受时，就被顶了起来。

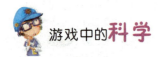

鸡蛋并非都是圆的

我们都知道鸡蛋是圆的，如果现在有一只方方的鸡蛋放在你面前，你会不会大吃一惊呢？下面我们就教你如何制作方形的鸡蛋，让你的朋友们也大吃一惊吧！

 工具百宝箱

① 鸡蛋、食用油、水

② 与鸡蛋大小差不多的小方盒

③ 锅、电炉

④ 冰箱

 **趣味游戏DIY**

① 在小方盒里面涂上食用油，放在一旁备用。

② 将锅放在电炉上，然后往锅里倒入凉水，再把鸡蛋放进去，并打开电炉将鸡蛋煮熟。

③ 剥掉鸡蛋壳，轻轻地将鸡蛋推进小盒中，让鸡蛋完全充满盒子。（图1）

图1

④ 盖上盖子，把盒子放进冰箱里。（图2）

⑤ 过一会儿，取出盒子，并把鸡蛋倒出来，就可以得到一个方形鸡蛋。（图3）

爱迪生告诉你

　　鸡蛋中蛋白的成分是水和蛋白质分子，它们就像连在细线上的许多小球。而蒸煮鸡蛋便拆散了这些蛋白质分子，并使它们相互结合在一起。于是，夹在蛋白质分子间的水分子被分离出来。此时，鸡蛋蛋白已经成为胶体或柔软的固态。由于鸡蛋蛋白一直保持着热度，即这种胶体很热，此时蛋白质的黏结力仍是不稳定的，所以你很容易利用盒子将鸡蛋塑成方形。

【生活中的科学】

为什么烫发可以使曲发变直、直发变弯曲？

　　这是因为头发中含有蛋白质，在烫发过程中，涂抹到头发上的化学制剂切断或阻碍了头发中蛋白质的联系。在放入卷发器以后，更多的化学物质加入头发中，使头发中的蛋白质以一种完全不同的方式重新组合。所以，头发的形态就发生了变化。

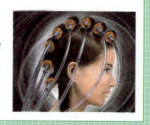

神奇的花盆冰箱

用花盆也能做出冰箱来，是不是有些不可思议？那就来动手做一做。这个花盆冰箱真的可以让你在天热的时候保存冷饮呢！

工具百宝箱

1 罐装饮料、一大杯水   2 泥花盆、直径大于花盆直径的盘子

趣味游戏DIY

① 将饮料放在盘子里。

② 用花盆盖住饮料，在花盆上面浇水。（图1）

图1

 将盘子和花盆一起放在阳光下，大约1小时后，打开花盆。你会发现花盆变得很凉，饮料也变得凉多了。（图2）

图2

爱迪生告诉你

　　汽化是物质由液态转变为气态的过程。汽化时，分子平均距离加大，体积急剧增大，需克服分子间引力并反抗大气压力做功。因此，汽化要吸热。往泥花盆上面浇水，水会蒸发汽化，带走花盆里大量的热量，花盆就会变凉，从而使饮料冷却。即使阳光很强烈，饮料罐也会一直保持冰凉。

【生活中的科学】

为什么夏天把饭菜放在水面上能防止饭菜发馊？

　　液体蒸发不仅吸热，还有使周围物体冷却的作用。夏天把饭菜放在水面上，是为了防止饭菜因高温而发馊。水在常温下就会蒸发，而蒸发又需要吸收热量，由于饭菜周围的空气温度降低，饭菜在低温下也就不容易变质了。

当热水遇到冰块

给你一只饮料瓶，装半瓶热水，在瓶口放一块冰。当热水遇到冰块的时候，瓶子里会发生什么情况呢？一起来通过游戏探个究竟吧！

 工具百宝箱

① 一个空的大可乐瓶   ② 冰块   ③ 热水

④ 量杯   ⑤ 毛巾

 **趣味游戏DIY**

① 将热水倒入大可乐瓶里。
（图1）

图1

②几秒钟后，将瓶里的一半热水倒回量杯，记着要用毛巾裹着瓶子。（图2）

③将一块冰放在瓶口上，不一会儿，你就会发现，瓶子的上半部分出现了云朵。（图3）

图2

图3

爱迪生告诉你

游戏中，瓶里热水的水蒸气上升。水蒸气靠近瓶口的冰块时，受冷凝结成小水珠，这些小水珠便形成了瓶子里的云朵。

【生活中的科学】

为什么天上总有下不完的雨呢？

雨水是人类生活中最重要的淡水资源，它的形成与水的蒸发有密切关系。在太阳光的照射下，陆地和海洋表面上的水会蒸发形成水蒸气，待水蒸气上升至高空遇冷时，又会冷却形成小水滴，众多的小水滴聚在一起就形成了雨。所以，只要地面上有水，雨的形成过程就不会中止。

沸水中的小鱼

　　鱼一般都生活在凉水中，水温太热就会让它们无法生存。但是，游戏中的这条小鱼竟然可以在沸水中自由自在地游动。它有怎样神奇的法术呢？快来一探究竟吧！

 工具百宝箱

1 水　　　　　　　　　2 一条活着的小鱼　　　　　　3 一支试管

4 一个试管夹　　　　　5 一支蜡烛　　　　　　　　　6 一盒火柴

 **趣味游戏DIY**

　　1 在试管内注入九成满的清水，将鱼放入试管中。

　　2 用试管夹夹住试管，口朝上倾斜。（图1）

图1

③ 点燃蜡烛，然后对试管上部的水加热。（图2）

④ 没多久，试管里的水开了，冒出了水蒸气，并传出水沸腾的声音，而试管底部的小鱼却依旧轻松自在地游着。

图2

爱迪生告诉你

水被加热后密度变小，会自然上升，而不会向下流。因此，试管上部的水虽然沸腾了，却不影响下方的水的温度。所以，试管底部的小鱼不受干扰，仍能自由自在地游着。

【生活中的科学】

为什么冰水混合物的温度会保持不变？

如果把冰水混合物放在很高的温度下，它会吸热，但因为有冰，所以热量先被冰吸收融化，而冰吸热融化的过程，温度不变，所以，只要里面有冰，温度就不会升高。如果把冰水混合物放在很低的温度下，它要放热，但因为有水，所以水先放热，而水放热凝固的过程，温度不变，还是零度。

猜你不知道

▌ 为何山脚下的桃花比山顶的早开一个月呢?

　　白居易的诗句"人间四月芳菲尽，山寺桃花始盛开。"写的是大林寺的桃花。时值四月，山下芳菲已尽，大林寺的桃花才刚盛开，比山脚下晚开一个月，这是为什么呢? 原来太阳辐射出来的热量先被地面吸收，地面再把热量传给空气，就是说空气主要是靠吸收地面反射的热量来升温的。越靠近地面的大气层获得地面的热量越多，温度也就越高。所以，山顶的春天总是比山脚下的晚。

▌ 为什么保温瓶的瓶胆内都会镀上一层银呢?

　　你应该见过破碎的保温瓶吧? 它的瓶胆呈银白色，明亮光滑，这是什么科学原理呢? 原来物体反射热的性质，和物体的颜色及光滑程度有关系，颜色越淡，表面越光滑越容易反射辐射热。保温杯中镀银的玻璃可以将瓶口内部向外辐射的热量反射回去，这样可以减少瓶内物体与周围物体通过热辐射而发生的热交换。所以，保温瓶的胆要镀一层银。

▌ 你知道拔火罐这种医学疗法的原理是什么吗?

　　拔火罐是一种以罐为工具，借助热力排去其中的空气产生负压，使其吸着于皮肤，造成瘀血现象的一种疗法。拔火罐利用的是降低人体局部皮肤气压的方法，燃烧使瓶内气压减小，造成人体皮肤局部充血，氧气的消耗会将湿气吸走，促进人体的血液循环，从而起到保健、治疗的作用。

第三章

光与色的游戏 3

没有光，世界将是一片黑暗；有了光，我们才能看到这色彩斑斓的世界，光的魔力是无穷的。本章精心设计了一些游戏，诸如：流动的光阴、阴阳脸、变向的箭头、纸上彩虹和直线奔跑的光等，带你从不同的角度一探光的神奇奥秘。

被"吃"掉的光线

在我们的生活中，光线是无处不在的，看得见，却摸不着。但是我告诉你光线其实可以被"吃"掉，你信吗？不信就做一下下面这个小游戏吧！

 工具百宝箱

① 手电筒、透明纸、玻璃片　　② 陶瓷杯、玻璃杯

 **趣味游戏DIY**

① 选择一个有白色墙壁的屋子，然后把玻璃杯、陶瓷杯、玻璃片和透明线都放在白色的墙壁前面。（图1）

② 关上灯或拉上窗帘，不要让光线进入房间。打开手电筒，然后把手电筒的光对准上述物体。

③ 仔细观察，发现陶瓷杯后面的墙上出现了一团深色阴影，光被完全"吃"掉了。而玻璃杯、玻璃片和透明线后面的墙上只有淡淡的阴影，光线只被"吃"掉了一部分。（图2）

 爱迪生告诉你

陶瓷等物质会阻碍光的传播，光射在由这些材料制成的物体上面就会被反弹回来。所以当光照在陶瓷杯子上时，杯子的后面没有光线，只会呈现出一团阴影。而光是能穿透玻璃、透明纸等物质的，不过在穿过这些物质时，光会失去一部分光能，从而使得光能减少，亮度变小。因此，光照在玻璃杯、玻璃片和透明纸上时，墙面上会出现淡淡的影子。

【生活中的科学】

为什么你看不见电线的影子？

光源的体积较大时，影子就会有本影和半影。本影是光在传播过程中遇到不透明物体时，在其后方形成的全暗区域。半影是在影子边缘，有部分光可到达的区域。物体和影子离得越远，本影越小，半影越大，再远时本影会消失。电线离地面很远，没有本影，所以看上去像是没有影子。

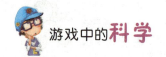

流动的光阴

　　你是不是知道很多个用来形容时光的词语呢，比如：时光飞逝、光阴似箭等，你想过怎样才能把时光的流逝表现出来吗？准备以下东西，让我们一起来体验时光是怎么从手中溜走的。

 工具百宝箱

1 一把锤子　　　2 一个手电筒　　　3 一团橡皮泥　　　4 几张报纸

5 一枚钉子　　　6 一个脸盆　　　7 一瓶矿泉水

趣味游戏DIY

　①　用钉子在矿泉水瓶的瓶盖上钻一个大洞，在瓶底钻一个小洞。（图1）

　②　用橡皮泥把两个洞封住，然后向瓶中灌水至四分之三处，盖好盖子。（图2）

③ 用报纸把矿泉水水瓶和手电筒卷好，进入一间黑屋子。

④ 打开手电筒，放在矿泉水的底部，使光线透过瓶子。

⑤ 去掉橡皮泥，让水流进脸盆里，你会看到光线和水一起从瓶口流出来。

爱迪生告诉你

　　光线沿直线传播，但也有例外。在这个小游戏里，我们把光和水混合在一起，光就会被水柱不定向地反射，因此，光线也不再沿直线传播了，而是跟着水柱不定向地进行曲线运动。

【 生活中的科学 】

为什么手术室里的灯没有影子？

　　较小的光源投射的影子清晰，较大的光源投射的影子比较模糊，手术室里的灯就是利用这个原理制成的。它将发光强度很大的灯在灯盘上排列成圆圈，合成一个大面积的光源。这样，就能从不同角度把光线照射到手术台上，以达到足够的亮度，不会产生明显的影子，从而保证手术正常进行。

手术无影灯

阴阳脸

你一定看过"变脸"的表演吧，是不是很神奇呢？现在我们一起来体验一下这个神奇的魔术吧，其实它很简单！

 工具百宝箱

① 一面镜子　　　　② 一个手电筒

③ 一张白色的纸　　④ 一张黑色的纸

趣味游戏DIY

① 进入一间黑暗的屋子，打开手电筒，站到镜子面前。

② 把手电筒放在脸的右边，让光照在你的鼻子上。（图1）

图1

③ 先把黑纸侧放在脸的左边，对着手电筒的光。（图2）

④ 然后移去黑纸，放张白纸在脸的左边，也对着手电筒，你会发现，当把黑纸放在脸庞左边时，你脸的左边几乎一片漆黑，而把白纸放在脸的左边时，你的左半边脸却很白。（图3）

图2

图3

爱迪生告诉你

白纸能反射光线，当手电筒光照射过来时，它可以把光反射到你的脸上，所以，你的左半边脸是白的。但黑纸不会反射光线，当手电筒光线射过来时，它会吸收大部分的光线，所以你的左半边脸看上去很黑。

【生活中的科学】

我们还能变出更多颜色的脸吗？

在有色光照射下的有色物体会改变原来的颜色。基本色光分别为红色、绿色和蓝色。这三种色光以不同的比例混合，几乎可以得到自然界中的一切色光，因此只要用不同颜色的光来做光源，就可以变出更多种颜色的脸。如果我们改变纸的颜色，也会变出不同颜色的脸来，不信你可以试试看。

游戏中的**科学**

自制望远镜

夏夜的天空缀满了繁星，非常美丽，如果能有一架望远镜，那就可以清清楚楚地观察神秘的星星啦！现在，不妨自己动手，试着做一架望远镜吧！

 工具百宝箱

① 两个放大镜　　　② 一张稍硬实的白纸　　　③ 胶水

 **趣味游戏DIY**

① 用一个放大镜看远方，可以看到远方的景物成倒立状。（图1）

图1

 **你知道吗？**

望远镜的发明？

1608年，荷兰眼镜制造商汉斯·李波尔赛发明了世界上第一件可以把远处物体的图像拉近并放大的设备。后来，伽利略在此基础上制造了一架折射望远镜，利用这架能够把物体放大30倍的折射望远镜，伽利略观察和研究了月亮、行星以及恒星，得出了很多关于太阳系的重要发现。1668年，牛顿发明了反射望远镜，在镜头上增加了镜子，使望远镜能够形成更清楚的图像。

图2

② 把白纸卷成圆筒状，用胶水把纸的一头粘在一个放大镜上，另一头粘在另一个放大镜上，望远镜就做成啦！（图2）

③ 用自制望远镜观看远方的景物，你会发现远方的景物仍成倒立状，明显比肉眼看上去的要大得多。（图3）

图3

 爱迪生告诉你

　　望远镜的目镜和物镜构成了一个透镜组，二者都是凸透镜。光线经过凸透镜折射后，所产生的影像为放大的倒立虚像。因为经过了两个凸透镜的折射，所以远方的景物被放大了许多。

【生活中的科学】

用望远镜能看到其他星球上的细小物体吗？

　　我们用特制的天文望远镜可以实现这个想法。比如哈勃天文望远镜上面的广角行星照相机可拍摄上百个恒星的照片，就连16万千米以外的一只萤火虫大小的东西都难逃它的"法眼"呢！

镜子为什么能成像

我们每天都会照镜子，从镜中我们可以看到自己。可是你知道镜子是怎么成像的吗？为什么写在纸上的字，在镜子里却是颠倒的？

工具百宝箱

 ① 一面小镜子　　② 一支铅笔　　③ 一张纸　　④ 4本书

趣味游戏DIY

① 将4本书叠放在一起，将镜子靠放在书本上。

② 把纸压在镜子下面。（图1）

③ 将你的下巴靠在手上，使你能从镜子中看到你在纸上所写的字。

图1

④ 眼睛只注视着镜子，用手在纸上写下你的名字，使镜子中出现正确的字。写完后观察你在纸上写的字，你会发现，纸上大多数或全部的字是颠倒的。（图2）

爱迪生告诉你

　　这个实验中所写的字，除了上下对称的字，如口、田等字，其他的字都是颠倒的。

　　平面镜成像是由于光的反射形成的，物体发出或反射的光照射到平面镜上，平面镜又将光反射到人眼中，而人眼看到的光是沿直线传播的，人便感到在镜子里有物体的像，当然这个像是不存在的虚像。

【生活中的科学】

　　镜子是一种表面光滑，并具有反射光线能力的物品。最常见的镜子是平面镜，常被人们用来整理仪容。在科学方面，镜子也常被使用在望远镜、激光、工业器械等仪器上。

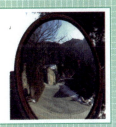

威力无比的太阳光

我们平时感到太阳光照到身上暖暖的，其实它的威力是很大的！用放大镜将太阳光聚集到一点上，它的温度是非常高的。不信，那就通过下面的实验来证实一下吧！

 工具百宝箱

① 放大镜   ② 绳子   ③ 一个气球

 **趣味游戏DIY**

① 吹起气球，用细绳将气球口系紧。

② 通过放大镜，让阳光聚焦在气球的某一个点上，持续一段时间。
（图1）

③ 持续聚焦一段时间后，气球就会爆炸。（图2）

图2

爱迪生告诉你

　　放大镜有聚焦的作用，能将太阳能集中在一个点上，持续作用，这个点的温度会越来越高，越来越热。当热量足以在气球上烧出一个小洞时，气球就会"砰"的一声爆炸！

【生活中的科学】

　　人类对太阳能的利用有着悠久的历史。发展到现代，太阳能的利用已日益广泛，它包括太阳能的光热利用，太阳能的光电利用和太阳能的光化学利用等。例如太阳能电池、太阳能热水器，等等。

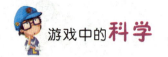

美景也能"贴"出来

我们一般要定格一幅美景，都用照相机。如果说用一片透明胶就能"贴"出一幅美景，你信吗？不信就来这个小游戏中"贴"一下吧！

 工具百宝箱

 1 一块毛玻璃    2 一卷宽透明胶   3 一把剪刀

 **趣味游戏DIY**

① 透过毛玻璃，你看不见窗外的景物。

② 剪下一段透明胶，将它贴到毛玻璃上，注意把透明胶贴平整。（图1）

图1

③ 现在再从贴有透明胶的毛玻璃一侧往外看，天哪！你可以清楚地看到毛玻璃后面的景物了。（图2）

图2

爱迪生告诉你

　　毛玻璃凹凸不平的表面会把射来的光线向四面八方散射出去，你很难看清楚毛玻璃后面的景物。在毛玻璃表面贴上透明胶，透明胶抹平了不平整的玻璃表面，光线就能平行透过毛玻璃，这样就能清楚地看到毛玻璃后面的景物了。

【生活中的科学】

为什么将放大镜放进水中，它就会失去放大的效果呢？

　　放大镜的放大原理，其实就是凸透镜的聚光效应，凸透镜中央比四周厚，能把光线聚集在一起。当把放大镜放进水中，就相当于它和水面融为一体。而当水面平静下来之后，水面就相当于一块平面玻璃，光线穿透时不会被折射。所以，把放大镜放进水中，它的放大效应就会失效。

水中的铅笔断了

　　一支完好的铅笔，放入水中后，铅笔像折断了一样。当你把铅笔从水里拿出来，你又发现它依然完好无损，你知道这是为什么吗？快来下面的游戏中探索一下答案吧！

 工具百宝箱

① 一支铅笔　　　　② 一个玻璃杯　　　　③ 一把小勺子

④ 一些盐　　　　　⑤ 一根筷子

 **趣味游戏DIY**

① 将玻璃杯装半杯清水，然后往水里加一小勺盐。

 **你知道吗？**

　　海市蜃楼是如何形成的？

　　当光线从冷空气进入热空气或者从热空气进入冷空气的时候，也会发生改变，因为冷空气和热空气的密度不相同。因此，光的传播速度是经常改变的。在酷热的天气里，靠近地面的空气很快变热，因此穿过地面热空气的光线发生弯曲。这就是为什么在炎热的天气里，从远处看街道会觉得有很多蒸汽。实际上，我们看到的只是天空的反射图像。在沙漠中，光的折射能够造成海市蜃楼——一种实际上不存在的虚幻的图像。

② 用筷子搅拌玻璃杯中的水，使盐溶解掉。（图1）

③ 再小心地通过小勺子往玻璃杯中注满清水。（图2）

④ 把铅笔放到玻璃杯里，使铅笔靠着杯子边缘。

⑤ 我们从侧面观察玻璃杯，发现铅笔被折成了3段。（图3）

爱迪生告诉你

　　这是因为光的折射所起的作用。插入杯中的铅笔所反射的光线，在进入水中时，会被折射成一个固定的角度，看到的就会比实际靠上点。杯中下层是盐水，光线的折射角度比清水的要更大些，看到的就会比清水中的还要靠上点。所以看到的铅笔就变成了3段。

【生活中的科学】

　　鱼在清澈的水里游动可以看得很清楚，沿着你看见鱼的方向去叉它却叉不到，只有瞄准鱼的下方才能把鱼叉到。同理，那些看起来深不过膝的水，其实是比较深的，千万不要贸然下去。

变向的箭头

在纸上画一个粗箭头，它能自动改变方向！是的，这可不是幻觉，也不是你眼睛的问题，箭头改变方向是有科学道理的，你还是自己动手来试一试吧！

 工具百宝箱

1 一张白纸　　　　　2 彩色笔　　　　　3 透明的水杯、水

 **趣味游戏DIY**

1 用彩色笔在白纸片上画一个向右的粗箭头。

2 将盛好清水的透明水杯放在桌子上备用。（图1）

图1

③ 把箭头向右的纸片放在水杯后面，此时再注意观察，箭头指向了左方，是相反方向。（图2）

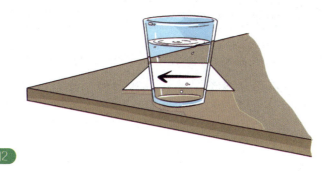

爱迪生告诉你

　　水杯就像是一个凸透镜，光线经过折射之后，除了经过光心的光线不改变方向，其他的光线都会改变方向。所以，水中的箭头就变成了相反方向的样子。

【生活中的科学】

为什么放幻灯机时要将幻灯片倒置？

　　幻灯机是利用凸透镜能成倒立、放大的实像这个原理制成的。幻灯机的放映镜头实际上相当于一个凸透镜。由于透明的幻灯片到镜头的距离比镜头的焦距稍大，用强光照射幻灯片，就可以把幻灯片上的画面放映到屏幕上，形成倒立且放大的实像。为了使观众看到正立的像，就要将幻灯片倒置。

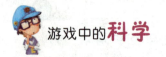

光的穿透性

如果你细心观察，就会发现，汽车用的车灯以黄色和红色为主，你知道车灯为什么不用蓝色、绿色吗？完成下面的实验，你就知道答案了！

 工具百宝箱

1⃣ 一个透明的广口瓶　　2⃣ 牛奶　　3⃣ 水　　4⃣ 一支手电筒

5⃣ 一把剪刀　　6⃣ 一根筷子　　7⃣ 红、黄、绿、蓝、紫色玻璃纸

 **趣味游戏DIY**

①️ 往广口瓶中倒入适量的牛奶，并加水稀释。（图1）

图1

②️ 将各色玻璃纸各剪一小块，大小要能裹住手电筒的镜头部分。

③️ 在一间封闭的屋子里，将手电筒的镜头对准广口瓶的瓶壁。

④ 用红色玻璃纸裹住手电筒的镜头，关闭屋子内的灯，打开手电筒，照射广口瓶，并在广口瓶的另一侧观察光线的强弱。

⑤ 换其他颜色的玻璃纸重复第4步。

⑥ 当用红色玻璃纸和黄色玻璃纸照射广口瓶时，透过广口瓶的光线最强。（图2）

图2

爱迪生告诉你

　　因为光在穿透浓雾时会产生散射现象，光波越长，越不容易散射。在所有可见光中，红色和黄色的光波最长，所以汽车用黄色灯和红色灯作为前后车灯。

【生活中的科学】

　　利用色光的穿透性，可以制成滤色镜，用于彩色拍摄。在彩色摄影中，滤色镜能够改变色调，制作色彩的特殊效果。比如想把画面调得偏黄一些，相应的滤色镜就会限制其他色光的通过，而放行更多的黄光。

奇妙的色彩

在千变万化的色彩世界中，人们视觉能感受到的色彩非常丰富，鲜红的花瓣、碧绿的树叶……你知道这些色彩是如何形成的吗？下面的两个小实验将为你揭开它们神秘的面纱！

 工具百宝箱

1 两张透明的塑料薄膜（一张红色、一张绿色）　　2 一张白色的硬纸片

3 两支手电筒　　　4 两根橡皮筋　　　5 一把油漆刷

6 一个碟子　　　7 绿色、红色、黄色和蓝色颜料

 **趣味游戏DIY**

① 用橡皮筋把两张塑料薄膜分别绑在两支手电筒上。（图1）

② 同时打开两支手电筒，照射白色硬纸片，并使两道光束的一部分重叠，观察现象。

图1

③ 用油漆刷把相同量的红色和绿色颜料放在碟子里混合。（图2）

④ 把油漆刷洗干净，然后把相同量的黄色和蓝色颜料放在碟子里混合，观察现象。

图2

⑤ 两支手电筒光束重叠的部分呈现出黄颜色。红色颜料和绿色颜料混合后，呈现出一种像栗色的颜色，而黄色颜料和蓝色颜料混合后则呈现出绿色。（图3）

图3

爱迪生告诉你

光中的大部分颜色可以由三种基本色光按不同的比例混合而成，这三种基本色光的颜色就是红、绿、蓝三原色光。这三种光以相同的比例混合且达到一定的强度，就呈现白色（白光）。要注意的是，色光三原色和美术上的色彩（颜料）三原色（红、黄、蓝）不同。

【生活中的科学】

电视机之所以能显示出五彩缤纷的颜色，主要是应用了光的三原色。而在印刷书本和杂志时，则主要用的是印刷三原色及黑色。

用影子确定时间

古代没有表，古人通常都是根据太阳的位置变化投射到地面上的影子的不同来确定时间的。下面就让我们一起来做一做这个实验，看看如何用影子来确定时间。

 工具百宝箱

❶ 一个直径约为10厘米的圆形纸板　　　❷ 一根长约10厘米的木签

❸ 一把剪刀　　　❹ 一支铅笔　　　❺ 一块手表

 **趣味游戏DIY**

①选一个阳光明媚的天气，在阳光充足的地方进行实验。

②在纸板的中心钻一个小孔，把木签的三分之一穿进小孔，然后插在土里，使纸板固定在地面上。（图1）

图1

③ 随着时间的变化，每隔一个小时就用铅笔在纸上标记出阳光在纸板上投下的影子，并在每条线旁边标明时间刻度。（图2）

④ 每隔一个小时木签所投下的影子的位置都不同，铅笔所画的线从木签向纸板的四周发散。

爱迪生告诉你

木签影子的位置随着太阳的位置的变化而变化。但事实上，这是因为地球在自转，有时朝向太阳运行，有时远离太阳。

【生活中的科学】

日晷是利用太阳的位置来测量时间的一种设备，主要由一根投射太阳阴影的指标、承受指标投影的投影面（即晷面）和晷面上的刻度线组成。最常见的设计，也就是最普通的庭园日晷，让日影投射在一个标有时刻的平面上，当太阳移动时，影子所指示的时间也跟着变动。

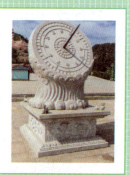

纸上彩虹

雨后天晴，天空中常常会出现美丽的彩虹。你知道它是怎么形成的吗？你想不想近距离地观察彩虹呢？我们可以用手电筒和水制造出美丽的彩虹，这样，我们不用等到雨后天晴就能看到美丽的彩虹了，一起来试试吧。

工具百宝箱

① 一面镜子   ② 一张白纸   ③ 一个装水的盆

④ 一支手电筒   ⑤ 水

 趣味游戏DIY

① 往水盆中注入适量的水，然后把镜子斜靠在水盆的一边。（图1）

② 打开手电筒，照射镜子浸在水中的那一部分。（图2）

 把白纸放在镜子的前上方，让光刚好可以反射在白纸上，你就会发现，纸面上出现了一道彩虹，有红、橙、黄、绿、蓝、靛、紫七种颜色。（图3）

图3

爱迪生告诉你

手电筒发出的光看上去是白色的，其实是由红、橙、黄、绿、蓝、靛、紫七种不同颜色、不同波长的光组成的。光照在镜子上，被镜子反射而原路返回，在穿过水层时发生折射。七种不同的光在折射后，形成不同的角度，在不同的位置穿过水面并射到白纸上，从而形成了美丽的彩虹。

【生活中的科学】

阳光能形成彩虹，月光也能吗？

一般情况下，肉眼所见的彩虹都是由太阳光形成的，但是月光同样可以形成彩虹。

不过，太阳远比月亮的亮度要高，所以太阳光形成的彩虹较亮，也较常见。相比之下，因为月光只是月球表面反射的太阳光，所以月亮彩虹既少见，又很暗。但是月亮彩虹和太阳彩虹的颜色几乎相同。

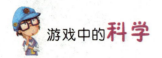

直线奔跑的光

　　常听到有人说"怕黑"，那是因为没有光的原因。光，使我们的生活更加丰富多彩，在我们生活中是不可或缺的！你知道光是以怎样的方式奔跑的吗？

工具百宝箱

1 一张硬纸板　　　　　2 一支手电筒　　　　　3 一把剪刀

4 一块橡皮泥　　　　　5 一把尺子　　　　　　6 一张卡片

趣味游戏DIY

　　① 从硬纸板上剪下3块边长为15厘米的正方形纸片，并在每一块纸片正下方边缘剪一个边长为2.5厘米的正方形缺口。（图1）

　　② 将正方形纸片竖立起来，前后排列成一条直线，并使正方形缺口也在同一条直线上，每张纸片相距约10厘米，同时用橡皮泥固定纸片的位置。（图2）

图1

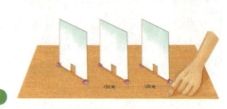
图2

③ 将手电筒放在最后一张纸片缺口的后方，打开手电筒的开关。关闭房间内的灯，然后仔细观察手电筒光线投射到墙壁上的图案。（图3）

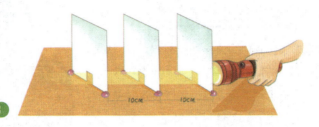

图3

④ 移动正方形纸片，使缺口不在同一条直线上，观察现象。

⑤ 只有当正方形纸片的缺口在同一条直线上时，光线才会投射到墙壁上；当移动其中一张硬纸板后，光线就无法投射到墙壁上了。

爱迪生告诉你

因为光是沿直线传播的，当所有纸片上的缺口在同一条直线上时，光线可以通过缺口，投射到墙壁上；当缺口不在同一条直线上时，光线的传播就会被纸片阻挡。

【生活中的科学】

为什么皮鞋上油后越擦越亮？

皮鞋未上油前表面不光滑，有许多毛孔，光线照到上面以后，会发生漫反射，所以皮鞋不是特别亮。擦了油以后，鞋油填补了毛孔，鞋面就比较光滑了，当光线照到鞋面上时，就会朝一个方向反射，于是鞋就变亮了。

猜你不知道

■ 你知道皮影戏是怎么上演的吗？

皮影戏是中国民间广为流传的傀儡戏之一，又称"影子戏"或"灯影戏"，是一种以兽皮或纸板做成人物剪影，在光源的照射下用隔亮布进行演戏的表演活动。剧院里的皮影戏演出就是利用了光在不同物质中的穿透能力不同的原理。戏中道具的构成材料不透光，所以，当他被明亮的光源照射时会在半透明的幕布上投射出影子，由此，生动的故事情节就出现了。

■ 彩色书刊只需要四种颜色即可印刷出来，这可能吗？

当你走进图书市场，仿佛就走进了一个五彩缤纷的世界，没错，这就是图书的色彩所绽放出的魅力。彩色书刊的印刷是采用减色处理法处理的，也就是减去（吸收）可见光谱中的某部分光，但不减去其余的光。例如红色素吸收绿光和蓝光，只反射红光；蓝色素吸收红光和绿光，只反射蓝光。彩色书刊的印刷就是按一定的比例混合红、蓝、黄和黑这四种颜色而调出不同颜色的。

■ 你知道为什么哈哈镜能有如此神奇的魔力吗？

哈哈镜之所以能把人照得变形，是由其特殊的镜面成像造成的。哈哈镜的镜面不是水平的，有一部分是凸起的，有一部分是凹下去的，因而它所成的像有的部分被放大，有的部分被缩小。比如，当你对着一个上部是凹镜的哈哈镜时，你的头就会被放大很多，镜像还会发生变形。

第四章
电与磁的秘密 4

电与磁是两种神奇的自然力，它们碰撞在一起会发生许多不可思议的现象，诸如：拐弯的自来水、喜欢纸币的磁铁、会"跳舞"的小白兔、神秘的电灯、恐怖的电视机和看不见的脚……是不是很有趣呢？小朋友们，快来和我一起探索其中的奥秘吧！

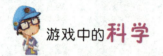

电磁的魔术

　　电与磁是可以互相转化的，这种现象在日常生活中还起着十分重要的作用呢！现在我们就来做一个小游戏，看看电与磁之间的奇妙关系吧。

 工具百宝箱

① 两节干电池、一个小灯泡　　② 磁针、开关　　③ 5厘米长的导线

 **趣味游戏DIY**

① 用导线把一节干电池、小灯泡和开关串联起来，然后把小磁针放在电路

附近。

②改变干电池的正负极，你会发现磁针的方向也随之改变。（图1）

③将两节干电池串联起来，这时电流增强，磁针的偏转角度也变大。

④将导线再绕二重、三重时，你会发现磁针的偏转角度和幅度会进一步变大。（图2）

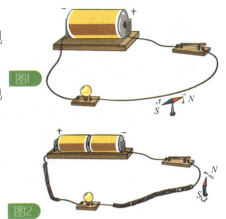

爱迪生告诉你

导线对附近的磁针产生作用力，使其中一极受排斥，另一极受吸引而发生偏转。当改变电池的极性时，磁针方向也会随之改变。改变电流大小和导线线圈的重数，会使电流周围的磁场强度进一步增大，所以磁针的偏转角度和幅度也会进一步变大。

【生活中的科学】

为什么螃蟹总是横着走路？

螃蟹横着走路的原因众说纷纭，有人认为螃蟹主要依靠地磁场来判断方向。在地球形成以后的漫长岁月中，地磁南北极多次倒转。螃蟹的内耳有定向小磁体，对地磁非常敏感。地磁场倒转使螃蟹体内的小磁体失去了原来的定向作用。为了生存下来，螃蟹既不前进，也不后退，最终选择了横着走路。

游戏中的**科学**

收音机中的幽灵

　　每当雷雨天气，打开收音机收听节目的时候，你总会听到一些杂音，这是为什么呢？难道真如传说中说的那样，收音机里藏着"幽灵"吗？这其中有什么玄机呢？下面这个小游戏会为你揭晓其中的奥秘！

工具百宝箱

① 一台收音机　　　　② 一只气球　　　　③ 一根细线

趣味游戏DIY

① 打开收音机，将音量调小。（图1）

②把气球吹大，用细线扎紧气球口。（图2）

③把气球在毛衣上摩擦几次。

④将气球靠近收音机的天线（不要碰到天线），收音机里就会发出刺耳的声音。（图3）

爱迪生告诉你

这是一个关于电磁干扰的游戏。气球经过摩擦后，表面聚集了很多电荷，靠近收音机天线时，会产生类似于闪电的电磁波，从而干扰收音机对信号的正常接收，使收音机发出杂音。在雷雨天，云层和地表间的电荷也会对收音机产生电磁干扰，从而使收音机出现杂音。

【 生活中的科学 】

地球周围的磁场是怎么来的？

地球磁场来自地球深处的地心部分。固体的地核内核四周是熔融状态的铁和镍，这些液态金属在地核外核运动，产生了电流，形成了地球磁场。科学家发现，火山岩浆凝固时，其中的铁总是按磁场方向排列。指南针、罗盘能够指示南北，也是因为受地球磁场的影响。

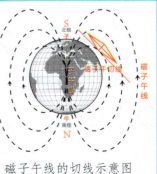

磁子午线的切线示意图

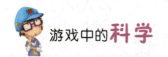

会"跳舞"的小白兔

小白兔很可爱，会"跳舞"的小白兔更可爱！快来吧，在下面这个小游戏中，我们会为你送上一只会"跳舞"的小白兔！是不是很有意思呢？

工具百宝箱

1 一块玻璃板　　　　　2 一张薄纸　　　　　3 一支铅笔

4 两本较厚且厚度相同的书　5 一把剪刀　　　　　6 一块绸缎

**趣味游戏DIY**

① 把两本书放在桌子上，间隔一段距离，然后把玻璃板搭在两本书上。

②在薄纸上用铅笔画一只可爱的小白兔，然后用剪刀把它剪下来。（图1）

③把剪好的小白兔放在玻璃板下面。（图2）

④用绸缎在玻璃板上不停地摩擦，不一会儿，你就会发现，下面的小白兔开始翩翩起舞了。

图1

图2

爱迪生告诉你

绸缎不断摩擦玻璃，会使玻璃表面带上静电。静电先是吸引不带电的小白兔，使小白兔贴到玻璃上，然后小白兔会因和玻璃带有同种电荷而被排斥，从而掉下去，如此反反复复，小白兔就像是在跳舞一样了。

【生活中的科学】

在刚关掉的电视屏幕上写字，然后把粉尘吹向电视，写过字的地方并不会沾染粉尘，这是为什么呢？

打开的电视屏幕上充满了静电，它们在电视机关闭后仍会保持一段时间。在上面写字时，手指触及哪里，哪里的静电就会被转移。所以，写过字的地方就没有了静电，也就无法吸附粉尘颗粒了。

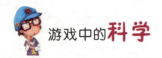

会放电的糖

　　我们平时最喜欢吃的糖果竟然可以放电，你相信吗？不要着急，做完下面这个小游戏，你就会找到答案！

工具百宝箱

两块方糖

**趣味游戏DIY**

　① 晚上，关上房间里的灯，或者拉上窗帘，然后等待5～6分钟，以便让

你的眼睛适应黑暗的环境。（图1）

②　像擦火柴一样，迅速地摩擦两块方糖，或是用其中一块敲击另一块。当两块方糖碰撞的时候，你能看到微弱的光。（图2）

图1

图2

爱迪生告诉你

这是一个关于压电现象的实验。有些物质由于其特殊的结构，会产生一种特殊现象，即在被挤压、拉长而发生形变时，晶体会产生极化现象，在相对的两面上就会产生电荷。糖的晶体就具有这种特性。糖分子中都存在着化学能，敲击两块方糖时，施加的压力能将糖分子间的化学能转化成光能，因而产生亮光。

【生活中的科学】

为什么嚼口香糖时嘴里会进出明亮的蓝绿色"火花"？

嘴里的"火花"是由能产生压电现象的口香糖产生的。口香糖中含有鹿蹄草，它能吸收紫外线的能量并把它转换成可见光，所以我们会看到明亮的蓝绿色"火花"。

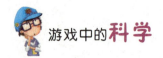
小鱼一起游

　　鱼缸里的小鱼们总是漫无目的地乱游，如果让所有的小鱼都行动一致是不是很好玩呢？快来吧，下面这个小游戏将会帮你实现这个愿望！

工具百宝箱

① 薄铁皮　　　　　② 剪刀　　　　　③ 装有水的盆

④ 数根缝衣针　　　⑤ 磁铁

**趣味游戏DIY**

①用剪刀把铁皮剪成小鱼的形状，多剪几条。

②用缝衣针摩擦磁铁数次。（图1）

③将缝衣针插进小鱼的身体，统一从鱼头方向向鱼尾插入，每条小鱼插一根针（注意别伤到手指）。（图2）

④把小鱼放进盆里，你会发现所有小鱼的头都朝着一个方向。（图3）

爱迪生告诉你

　　缝衣针在磁铁上摩擦后，被磁化了，所以就变成了磁铁。既然是磁铁，就会受地球磁场的影响，当然都会指向同一个方向。所以，插上了缝衣针的小鱼自然也都会朝一个方向游动了。

【生活中的科学】

水也可以像铁一样被磁化吗？

　　答案是肯定的，磁化水就是典型的例子。磁化水是让水以一定的方式和流速流过一个具有一定强度的磁场，它会在磁场中因切断磁力线而被磁化。磁化水在工业、农业和医学等领域被广泛应用。

看不见的脚

屋子里就你一个人，在你手中，一只看不见的脚撑起了一只丝袜，这个场景是不是感觉有些恐怖？不要怕，做完下面这个游戏，你心中的疑团就会解开了。

工具百宝箱

1 一只丝袜

2 一块羊毛布

趣味游戏DIY

① 用左手将袜子从脚趾一侧提起，然后用右手把羊毛布轻轻地缠绕在袜

子靠近左手的部分。

② 接下来，让羊毛布与袜子多缠绕几圈，重复数次。（图1）

③ 现在用右手提起袜子的开口处，袜子就会像被一只无形的脚撑起来了一样。（图2）

图1　　　　　　　图2

爱迪生告诉你

这个游戏的关键在于，毛织物的摩擦可以使袜子产生静电。因为整只丝袜带有同种电荷，而且同种电荷相互排斥，所以袜子就被撑起来了。

【生活中的科学】

什么是静电除尘?

从工厂的烟囱中冒出的滚滚浓烟里含有大量颗粒状粉尘，它们严重污染了环境，影响到作物的生长和人类的健康。静电除尘就是利用静电场的作用，使气体中悬浮的颗粒带电从而被吸附，并将尘粒从烟气中分离出来而将其去除。

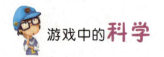

笔芯 "弧光灯"

给你两根很平常的铅笔，再连接上电池和导线，你就能看到一个漂亮的笔芯 "弧光灯" 了！还等什么，快来试试吧！

 工具百宝箱

1 导线   2 一块小木板

3 两根铅笔芯   4 一节电池

 **趣味游戏DIY**

1 把两根铅笔芯的一端削尖，然后去掉导线表面的皮。把裸导线在铅笔芯上绕四五圈，注意要控制绕线的松紧，保证铅笔芯可以前后移动。（图1）

② 把裸导线的两端固定在小木板上，使两只铅笔芯的笔尖正好相对。

③ 在裸导线的两端接上电池，用手旋转铅笔芯，使它们互相接触，在接触的一刹那，接触点会出现明亮的电火花。（图2）

④ 移动铅笔芯，使笔尖之间有一个间隙，可以看到一个明亮的电弧发出持续的亮光，这就是一个小型的弧光灯。

爱迪生告诉你

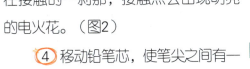

这是利用铅笔中的石墨的碳分子来制造美丽的弧光。导线接通电池后，电流会通过铅笔芯，在两尖端的接触处会遇到较大的电阻，并产生较高的温度，铅笔芯就会游离出碳分子，形成碳蒸汽。而铅笔尖的两尖端离开一点距离时，虽然电阻增大了，但是由于存在碳蒸汽，所以电流仍然可以通过，于是就产生了美丽的弧光。

【生活中的科学】

电也可以"尝"出来吗？

测试一节电池（正负极在同一端的电池）有没有电，没有什么方法比用舌头"尝"一下更简单的了。当舌头同时触及电池的两极，你的舌头会有特别麻痒的感觉。因为人的舌头是湿润的，有水分子，水可以导电。当舌头同时"尝"到电池的正负两极时，正好形成了一个闭合的电路，电池中的电流就顺着这条电路流通了。所以，舌头就会有触电的感觉。

游戏中的**科学**

喜欢纸币的磁铁

　　一般来说，只有人会喜欢纸币。可是，你见过喜欢纸币的磁铁吗？来，通过下面这个实验，我们来一起认识一下这块"喜欢纸币"的磁铁吧！

工具百宝箱

① 一根针　　② 一张新纸币　　③ 一个夹子　　④ 一块强力磁铁

趣味游戏DIY

　　① 用夹子夹住针，然后把夹子放在桌子上，使针与地面保持垂直。

② 把纸币对折一下，然后把它放在针上，使其折痕的中点位于针尖上。（图1）

③ 把磁铁接近纸币，你会看到，纸币会被吸引而慢慢旋转。（图2）

爱迪生告诉你

　　纸币上的油墨里面一般都含有微量的铁，即使量不多，也还是会被磁铁吸引。

　　不过要注意，纸币一定要是新的，因为用旧了的纸币，油墨会被磨损，铁的含量也会变少，因而磁铁不容易捕捉到，也就无法把纸币吸住。

【生活中的科学】

我们能不能制造一种类似于磁悬浮列车那样的水上航行工具？

　　1992年，日本研制的超导船就是这样的航行工具。超导船由船上的超导磁体产生强磁场，船两侧的正负电极使水中的电流从船的一侧向另一侧流动，磁场和电流之间产生相互作用，驱动船舶高速前进。

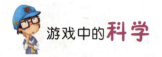

恐怖的电视机

你每天都会看到的电视机平淡无奇，而当有一天它忽然变得非常"恐怖"时，你会是什么反应？要是你胆子够大，就照下面的步骤做一个小游戏吧，它将会带给你一个惊喜！

 ## 工具百宝箱

电视机

① 打开电视机。（图1）

② 卷起袖子，把前臂靠近电视机屏幕，并慢慢向电视屏幕移动胳膊，你

电视机的出现，大大改变了人们的生活方式，而这要归功于英国发明家贝尔德。贝尔德曾就学于格拉斯哥大学，因第一次世界大战爆发而辍学。他深信图像也可以通过信号传输，并为此不懈努力。1924年，贝尔德成功实现了短距离内图像传输；1928年，他在伦敦与纽约间成功地进行了电视信号收发实验；1929年，英国广播公司开始电视试播，引起了人们极大的兴趣，并将电视称为"神奇魔盒"。

会发现你的汗毛都竖起来了。（图2）

③ 再慢慢移动胳膊时，你会更明显地感到汗毛竖起的感觉。

爱迪生告诉你

　　打开的电视机屏幕周围存在着一个看不见的电场，当你的胳膊进入这个电场时，汗毛上的电荷分布发生了变化，汗毛顶端会感应出部分电荷。汗毛带电后，因同性电荷相斥，因此汗毛就会纷纷竖起来。

【生活中的科学】

为什么磁化杯不能靠近彩电？

　　磁化杯是水磁化器的一种，自然水放入磁化杯后会被磁化，从而成为磁化水。在使用磁化杯时不能将其摆放在电视机的附近，否则会给电视机带来损害。这是因为彩电的显像管内侧装有极易被磁化的阴罩板，磁化杯的电磁强度足以使其发生磁化。一旦被磁化，电子束就不能准确地通过阴罩孔轰击相应的荧光粉点，导致纯度不良，影响彩电的显像效果。

神秘的电灯

爱迪生经历了许多次失败才发明了电灯，电灯真的有那么神秘吗？实际上，只要具备基本的电力知识和器材，你也可以制作一个简单的灯具，快来试试吧！

工具百宝箱

1 一个4.5伏的电池   **2** 一个小灯泡

3 两条绝缘电线   **4** 一把钢丝钳

趣味游戏DIY

① 用钢丝钳剪掉电线两头的绝缘塑料皮（这一过程可以请人帮忙），注意不要剪掉里面的金属线。

② 分别将两条电线裸露的一端固定在电池的两个触点上。

③ 将两条电线的另一端连在灯泡上，一条电线要接螺旋灯口底端的触点，另一条则要接螺旋灯口的侧面。当线路接通后，你会看见灯泡亮了。（图1）

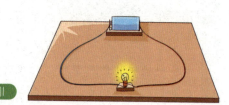
图1

④ 将连接在灯泡上的电线移开，
灯泡熄灭了。（图2）

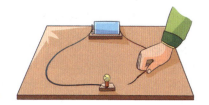

图2

爱迪生告诉你

　　我们看到的能使灯泡发光的能量就是电流——电池产生流动的电荷，通过电线传给灯泡，灯泡就会发光，这一线路就叫电路。当你断开线路时，电流无法在线路中循环流动，因此灯泡就会熄灭。

【生活中的科学】

保险丝是怎么"保险"的？

　　当电流流过导体的时候，电子与导体中的原子发生"冲突"，随之会产生热能。良好的导体中，电流几乎可以不受任何阻碍而全部通过导体，所以产生的热量较小。保险丝也是一种导体材料，不过它的电阻较大，正常电流通过保险丝时产生的热量较小，它不会被烧断。一旦电流强度超过保险丝正常的"忍耐底线"，保险丝就会"发火"——产生较大的热量，烧断自己，中断电路，从而保证电器的安全。

游戏中的**科学**

土豆也疯狂

土豆是蔬菜，是我们的食物，但是土豆竟然可以用来发电，能使灯泡亮起来，这太疯狂了！想知道土豆是如何发电的吗？赶快动起手来吧！

工具百宝箱

1️⃣ 八个土豆

2️⃣ 导线和一卷胶带

3️⃣ 铜棒和锌棒各八根

4️⃣ 一个小灯泡

 趣味游戏DIY

① 把8个土豆排成两排。

② 把导线截为9段，将其中7段导线的两端分别缠绕在铜棒和锌棒上，并用胶带粘好。剩下的两段导线一头缠在金属棒上，一头连接灯泡。（图1）

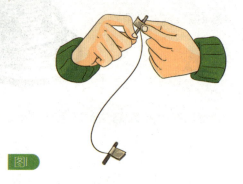

图1

③ 将铜棒和锌棒分别插在每个土豆上，并按顺序错开。

④ 把灯泡接在导线头上，你会发现，小灯泡亮了。（图2）

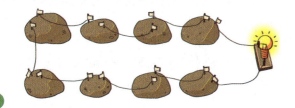

爱迪生告诉你

土豆的细胞液中含有类似于电池中电解质的化学物质，由于锌比铜活泼，锌棒不断失去电子产生锌离子进入土豆的细胞液中。而铜棒则接收了锌离子，于是在锌棒和铜棒之间形成了电流。

一个土豆产生的电流电压较小，8个土豆连起来，就能够产生足够大的电流电压，也就足以点亮小灯泡了。

【生活中的科学】

土豆能做电池，那么还有其他什么植物也可以做电池吗?

其实柠檬也可以做电池，因为柠檬的细胞液中也含有一种类似电池中电解质的化学物质，所以，也可以用来做出像"疯狂的土豆"那样有趣的试验。

电磁铁的秘密

　　电和磁之间有着紧密的联系，当电通过导线时，导线就会变成一个磁体。缠绕的线圈能把这种磁性聚集起来，使它十分强大。想知道其中的秘密吗？那就赶紧来参加游戏吧！

工具百宝箱

1 一根铁钉　　　　　**2** 两根铜线（其中一根要很长）　　　**3** 一块4.5伏的电池

4 胶带　　　　　　　**5** 一盒大头针　　　　　　　　　　**6** 一个小开关

 趣味游戏DIY

　　1 把长铜线紧紧绕在铁钉上，至少绕10圈，然后用胶带固定。

　　2 把绕好的铜线一端接到4.5伏的电池上，另一端接到小开关上。

　　3 将开关的另一端和电池用短铜线连接。（图1）　　图1

　　4 闭合开关，把铁钉移到一堆大头针上，观察会发生什么现象。打开开关，又会出现什么现象？

⑤ 当开关闭合时，铁钉就会把大头钉吸起；当开关打开时，大头钉就会掉下来。（图2）（图3）

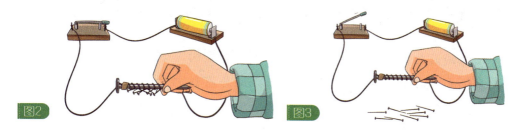

图2　图3

爱迪生告诉你

当开关闭合时，电流通过电路，把电路中的铜线变成了弱的磁铁，由于部分铜线被绕成线圈，便将磁性聚集起来，产生了一股强大的磁力，能把铁钉变成磁铁。这种磁铁只有当电流通过的时候才有磁力，因此，开关打开后，磁力消失，大头钉就掉了下来，这就是简单的"电磁铁"。

【生活中的科学】

磁与电

人们曾经认为磁和电是两种独立的现象。但是，在18世纪初，荷兰物理学家汉斯·奥斯特和法国科学家安德烈·安培证实了这两者之间有着紧密的联系。如今，现代科技将电磁学很好地用在涡轮机、发动机、录音录像、电话、医疗设备和其他更多方面。比如说，一台发电机在紧急情况下，可以用开关切断电流。

拐弯的自来水

　　我们打开水龙头后，自来水总是垂直向下流出。如果我说我能使水流拐弯，你一定不相信吧！谁会有这样的魔力呢？你也来试试吧！

 工具百宝箱

❶ 一把塑料小勺子　　　　❷ 一件毛衣

 **趣味游戏DIY**

❶ 把水龙头打开一点，使其有细细的水流流出即可。（图1）

图1

❷ 将勺子在毛衣上使劲摩擦一会儿。（图2）

图2

118

 让勺子慢慢靠近细细的水流，你会发现，水流拐弯了，向勺子靠近。（图3）

图3

爱迪生告诉你

这是一个关于静电诱导的游戏。带电的物体对不带电的微小颗粒有吸引力。

勺子在毛衣上摩擦之后，就带电了，从而对不带电的水流产生了吸引力，水流就向着勺子的方向"拐弯"了。

【生活中的科学】

静电有害人体健康，下面消除静电的方法简单易行，不妨一试：

1. 天气干燥时，不妨在家里洒些水，不便弄湿地板的地方，放置一两盆清水，可以达到增加室内空气湿度的目的。

2. 电脑不宜摆放在卧室内，用完之后要洗脸、洗手。

3. 建议在冬季穿纯棉内衣、内裤，以减少静电对人体的不良影响。

4. 如果梳头发时产生静电，可将梳子浸在水中，等静电消除之后，便可随意梳理了。

5. 赤足有利于体表积聚的静电释放。因此，休闲时，不要放过赤足的一切机会。

失灵的磁铁

　　人们曾经认为磁铁的磁性是永远存在的，但是后来，人们发现磁铁的磁性会由于敲击或加热而失效。在下面这个实验中，我们就可以看到磁铁是如何"失灵"的。

工具百宝箱

1 一块磁铁　　　　　　**2** 一盒火柴　　　　　　**3** 一个夹子

4 一些小铁钉　　　　　**5** 一支蜡烛

趣味游戏DIY

　　① 拿磁铁来吸小铁钉，很容易就吸起来了。

　　② 把磁铁和铁钉分开，用火柴点燃蜡烛。

　　③ 用夹子夹起磁铁在火焰上烧5分钟，然后取下放置在一边，等冷却。（图1）

图1

④ 然后拿磁铁去吸小铁钉，你会发现加热过后的磁铁就不能将小铁钉吸起来了。（图2）

爱迪生告诉你

加热后磁铁不能吸起小铁钉是因为磁铁的磁性消失了。磁铁之所以具有磁性，是因为磁铁中的原子是很有规律地排列的。然而，当磁铁受热并达到一定的程度后，原子的规律排列就被打乱了，磁铁就失去了原有的磁性，所以，就失灵了。

【生活中的科学】

电饭锅为什么会自动断电？

电饭锅底部中央装有磁铁和临界点为105℃的磁性材料。在煮饭过程中，因为水的最高温度约为100℃，所以锅内的温度会被限制在100℃以内。而当饭煮好了，锅里的水分减少，锅里的温度就会上升，当达到105℃时，磁性材料的磁性消失，磁铁对它失去了吸力，磁铁和磁性材料间的弹簧就会把它们分开，从而断开电源。

闪电的形成

下雨时天空有时会有刺眼的闪电，你知道闪电是怎么形成的吗？通过下面的实验，让我们一起来探究闪电的奥秘吧。

 工具百宝箱

1 一个大的平底铁盘　　**2** 一块橡皮泥　　**3** 一块塑料布

4 一枚硬币　　　　　　**5** 一间黑暗的房间

 **趣味游戏DIY**

① 将橡皮泥捏软，并将其粘在平底铁盘中央。橡皮泥要粘得很紧，以便抬起铁盘时仍能粘住。

② 将盘子放在塑料布上，然后握住橡皮泥，用力在塑料布上转圈，使盘子在塑料布上摩擦约1分钟。（图1）

③ 抓住橡皮泥，提起盘子。注意不要碰到盘子。

图1

④ 在黑暗的房间内，用硬币接近铁盘的一角。

⑤ 硬币和铁盘接触时就会产生火花。（图2）

图2

爱迪生告诉你

　　铁盘子在塑料布上摩擦后带负电。当你拿硬币靠近盘子时，多出的电荷会通过空气迅速传到硬币上，再传到你手上（你会感到轻微的电击）。

　　电荷在空气中的传递就表现为火花，这个实验实际上制造了微型的闪电现象。

【生活中的科学】

在没有雨水和雷声的时候，会有闪电吗？

　　即使在没下过一点雨，也听不到雷声的情况下，闪电也有可能产生。这是因为云层中的空气和水粒子的相互作用也会在大气中形成电荷，这些电荷聚集起来，就会产生闪电，我们称之为"干闪电"。

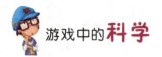

会导电的铅笔

　　不用电线将电池和灯泡连接，而用铅笔连接就可以使灯泡发亮，这是真的吗？难道铅笔可以代替电线？通过下面的实验，我们一起来验证一下吧！

 **工具百宝箱**

❶ 一个4.5伏的电池

❷ 一支铅笔（两头削尖，露出笔芯）

❸ 一把剪刀

❹ 一个小灯泡

 **趣味游戏DIY**

① 用铅笔把电池的正极和灯泡底部连接起来。（图1）

② 然后再用剪刀把电池的负极和灯泡上的金属部分连接起来。

图1

③ 全部连接上以后，灯泡就亮了起来。（图2）

图2

爱迪生告诉你

　　电流从电池上的负极通过金属剪刀流向小灯泡。微小的电流通过灯丝，使其炽热，然后通过石墨铅笔笔芯流向电池的正极，从而形成了闭合电路，小灯泡便亮了。

【生活中的科学】

　　通过这个实验，我们知道石墨是可以导电的，所以人们把它制成了电极材料，从而取代了铜的地位。因为石墨加工速度更快，重量更轻，放电消耗更小，材料成本更低，所以成为现在电极的首选材料。

靠不近的两个气球

两只刚吹起来的气球可以让它们紧贴着，像亲密的朋友。但只要用一个小方法，就能让两只气球闹矛盾，谁也不搭理谁，离得远远的。这是怎么一回事？

 工具百宝箱

① 两个气球   ② 一件毛衣   ③ 两条细线

 **趣味游戏DIY**

① 将两个气球吹起来，用细线扎住口。
② 把两个气球使劲地在毛衣上摩擦。（图1）

图1

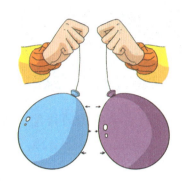

③ 然后用手牵着细线让两个气球下垂。

④ 当两个气球下垂后，你会发现它们会互相排斥，怎么也靠近不了。（图2）

图2

爱迪生告诉你

通过摩擦，两个气球都带上了毛衣上的电子，均呈负极。由于同性相斥，故两个气球相互排斥。

【生活中的科学】

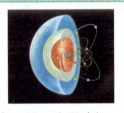

"电"（electricity）这个单词起源于"电子"（electron）这个词，"电子"是古希腊人给琥珀这种矿物起的名字。古希腊人发现，用羊皮摩擦过的琥珀能够吸引如羽毛和木屑之类的轻小物体。17世纪末，人们发现玻璃也能带电，只是它和琥珀的带电方式不同。从那时起，科学家们就开始努力探索电的奥秘，其研究一直追溯至原子。在这一章里，你将会了解静电，明白你在手上、衣服上、头发上感觉到的微弱的电击是产生于何处，闪电怎么形成。

转动的铅笔

放在桌子上的铅笔，自己就能转动起来，你想让它向哪个方向转，它就向哪个方向转，是不是很神奇？快来试试吧！

工具百宝箱

 **1** 一支带棱的铅笔　　　 **2** 一支圆杆铅笔　　　 **3** 一块强磁铁

趣味游戏DIY

① 把一支带棱的铅笔放在桌子上。

② 将另一支圆杆铅笔放在带棱铅笔的上面，使其平衡。（图1）

③ 用磁铁小心接近圆杆铅笔的笔尖。

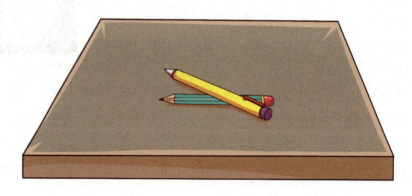

图1

④ 当磁铁慢慢靠近圆杆铅笔笔尖时，圆杆铅笔转动了，它向磁铁转去。（图2）

爱迪生告诉你

这是因为铅笔中的石墨被磁铁磁化了。石墨中微小的原始磁颗粒，本来排列混乱，通过强磁铁的磁场使其有序排列，出现南北两极，随之被磁铁吸引，开始转动。

【生活中的科学】

生活中的磁化现象很多。长时间使用电脑，显示器就会被电磁场磁化，轻则使画面产生色斑，重则造成画面的错乱。所以，要不时地给显示器消磁，才能保证画面清晰。

猜你不知道

富兰克林与雷电的故事

　　1752年夏季的一天，天空乌云密布，富兰克林和儿子威廉做了只风筝放到空中。很快富兰克林就注意到牵引风筝的线绳开始分裂，这说明有电荷产生。于是他在牵引线上挂了把钥匙，摩擦指关节后与钥匙接触，结果火花出现了，这证明闪电实际上就是大量的静电。

为什么冰箱的门轻轻一碰就关上了呢？

　　如果你留神观察冰箱，你会发现冰箱的门并不像我们住房的门，它没有任何类似于门闩的保险设施，但是只要轻轻一碰，它就会牢牢地关上，这是为什么呢？这其实是磁力在作怪。冰箱门四周的胶皮条里面藏着一圈磁铁，而冰箱的外壳是用铁制成的，磁铁有吸引铁的特性，所以只要轻轻一碰，冰箱门就会自动关上。

你知道如何保护你的银行卡吗？

　　将手机、银行卡等物品一起塞在包里，很容易造成银行卡被消磁。两张银行卡的磁条如果重叠在一起，也很有可能同时被消磁。此外，女士提包的磁性按扣、部分医学检查设备，如核磁共振仪等也会造成银行卡的磁化。所以，为避免被磁化后不能正常使用，银行卡最好远离磁性物质。

第五章
人体的奥秘 5

••• ————————

　　如果在你膝盖上的某个部位轻轻地敲一下，你的小腿会不由自主地弹起来；不用任何工具，就能在你的手上打一个洞；还有你的两个无名指将不受你的控制……你相信这些都是真的吗？本章的游戏，将带你重新认识一下你的身体。

游戏中的**科学**

测一测你的肺活量

　　肺活量是人一次呼吸的最大通气量，它能反映出人呼吸机能和呼吸质量的好坏。健康状况越好的人，肺活量越大。你知道自己的肺活量有多大吗？做一个简单的实验，就能测出你的肺活量。赶快试试吧！

工具百宝箱

❶ 一个碗　　　　　　　　❷ 一根可弯折的吸管

❸ 一个空矿泉水瓶　　　　❹ 水

趣味游戏DIY

　❶ 把矿泉水瓶里灌满水，拧紧瓶盖。在碗里倒半碗水。（图1）

　❷ 将矿泉水瓶倒过来，放进碗里。把手伸进水里，小心拧开瓶盖。（图2）

③ 将弯折的吸管短的一端伸到矿泉水瓶口中，深吸一口气，从吸管长的一端向矿泉水瓶里吹气。注意吹气过程中不要吸气！（图3）

④ 你会发现，矿泉水瓶里的水向碗中排出一些，瓶子顶部的空气增多了。

爱迪生告诉你

　　当我们向瓶中吹气时，呼出的气体会排开瓶中的水，从而占据瓶中的位置。瓶中顶部增加的气体体积，就是你呼出的气体体积，也就是你的肺活量。每次测量肺活量时，呼出的气体不可能完全一样，所以瓶中气体体积的大小也会不一样。

【生活中的科学】

　　了解了自己的肺活量，便能知道自己呼吸机能的好坏，从而掌握自己的健康状况。我们就可以在平时注意采取一些简便易行的方法来增加肺活量。例如，坚持参加适当的体育运动，坚持每天做扩胸运动等。

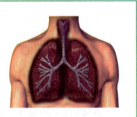

一只眼定位

两只眼睛看东西和一只眼睛看东西，效果会一样吗？试一试，闭上一只眼睛，看看能不能触摸到近处的一个小黑点呢？

 工具百宝箱

① 一张白纸   ② 一支铅笔   ③ 一张桌子

 趣味游戏DIY

① 用铅笔在白纸上画一个小黑点，放在桌子上。（图1）

图1

 **你知道吗？**

不同的眼睛

对于人来说，两只眼睛看到的形象是三维立体的，并且还可以判断它的方位。大多数肉食性的动物拥有这种视力结构，因为对于食肉动物来说，判定猎物的方位非常重要。而对于食草性动物，为了保护自己，看到一个广阔的全景更为重要，因此，它们的眼睛长在头部两侧，提供的视野范围虽然不够清晰但很广阔。

② 用铅笔去碰这个小黑点，很容易就碰到了。

③ 用左手捂住自己的左眼，用右手拿着铅笔去碰白纸上的小黑点。（图2）

图2

④ 你会发现，没捂住眼睛时，很容易能碰到；捂住左眼之后，就很难再碰到小黑点了。

爱迪生告诉你

用一只眼睛，很难估测通向那个点的距离。只有用两只眼睛才能看到立体的图像，才能确定空间的深度。每只眼睛都会从不同的角度单独确定这个点的位置，根据角度的大小，大脑几乎可以准确无误地确定这个点的位置。

【生活中的科学】

人们根据眼睛确定物体空间位置的特性，创造了目测法。目测法就是用眼睛估测距离、高度和角度的方法，是一种军事上的测距方法。根据个人视力、目标清晰程度来判定物体的距离，如水壶、细小部分可见，说明目标在150~170米内。而奥运会上的射击项目运动员在瞄准时只用一只眼睛，因为子弹的运动路径几乎为直线，不需要空间定位，运动员闭着一只眼睛正是为了测出方向。

你相信自己的眼睛吗

你相信自己的眼睛吗？你可能会说："当然相信了！我的眼睛视力是1.5的，什么都能看清楚。"常言道："眼见为实，耳听为虚。"可是眼见未必都为"实"，不要过于相信你的眼睛，它也是会有错觉的。

 工具百宝箱

❶ 一张16开白纸　　　　❷ 一个圆规

 趣味游戏DIY

① 在16开白纸上，用圆规画10个同心圆（同一圆心的圆）。（图1）

图1

 你知道吗？

当我们看某个东西的时候，大脑不仅是简单接收看到的图像，它还会分析，并且与以前看到过的形象作对比。在这个过程中，大脑会受到个人品位、兴趣、经验，以及当时心情的影响。心理学上认为：一个观察者看到图画中存在自己已经认识的图像时，就会关闭原本开放的思路，想象实际上并不存在的形象；很注重颜色，更加容易关注背景或是那些最直观的形象。这种态度在看那些似是而非、模棱两可的图片时尤为明显。

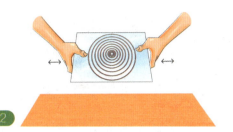

② 用双手捧着这张纸。

③ 盯着中央的圆点，快速地晃动这张纸。（图2）

图2

④ 当我们快速地晃动纸时，会看到纸上的圆像车轮一般旋转。

爱迪生告诉你

映在眼睛中的图像是不会立刻消失的，我们称之为"视觉暂留原理"。当图像的位置移动时，脑海中还是会留有一些先前看到的影像。残留的影像和现在所看见的影像会重叠在一起，使人觉得整幅画好像在动一样。

【生活中的科学】

视觉暂留现象首先被中国人发现，走马灯便是历史记载中最早的视觉暂留运用。古时走马灯称为"马骑灯"。随后法国人保罗·罗盖特在1828年发明了留影盘，它是一个被绳子穿过两面的圆盘。盘的一个面上画了一只鸟，另一面上画了一个空笼子。当圆盘旋转时，鸟在笼子里出现了。这证明了当眼睛看到一系列图像时，它一次保留一个图像。后来，人们又结合其他原理发明了电影。

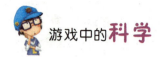

收缩的瞳孔

眼睛中央有一个颜色很深的小圆孔，这就是瞳孔。它在光线的影响下，会收缩变化，忽大忽小。下面我们就来做个实验，看看瞳孔是怎么变化的吧。

工具百宝箱

一面镜子

趣味游戏DIY

① 在明亮的屋子里，紧闭一只眼，睁开另一只眼站三分钟。（图1）

你知道吗？

有些动物，比如猫，在黑暗中比在白日下看得更加清楚。它们眼睛里有大量的细胞，可以捕捉到十分细小的光线。在黑暗中，我们觉得它们的眼睛就像小镜子，这是因为他们的眼睛里有"发光毯"——能够反射极微弱光线的一个深入的细胞层，这些细胞又把反射的光线送入视网膜，大大提高了它们在夜间的视力。

②用张开的那只眼睛看镜子里你的瞳孔的大小。（图2）

图1　　　图2

③睁开原先闭着的那只眼睛，立刻在镜子里观察那只眼睛的瞳孔大小。

④比较两只眼睛瞳孔的大小，发现原先闭着的那只眼睛的瞳孔比一直睁着的那只眼睛的瞳孔大。过上几秒钟后，它又会变小。

爱迪生告诉你

　　瞳孔的放大、缩小主要是由光线的强弱引起的。长时间处于光线强的状态下，瞳孔就会缩小；在光线弱的情况下，瞳孔就会放大。通过瞳孔的大小调节，保持适量的光线进入眼睛，既让我们看到的物体形状清晰，又不会灼伤视网膜。

【生活中的科学】

　　瞳孔就像照相机里的光圈一样，可以随光线的强弱而缩小或变大。我们在照相的时候都知道，光线强烈的时候，把光圈开小一点，光线暗时则把光圈开大一点，始终让足够的光线通过光圈进入相机，并使底片曝光，又不致因光线过强而损坏底片。

眼睛里倒立的树

我们看到的物体都是正立的，可是你眼睛里的水晶体上物体的影像却是倒立的。你一定感到不可思议吧？现在，我们用放大镜模拟眼睛中的水晶体做一个成像实验。我们就会知道眼睛里物体影像的情况了。

 工具百宝箱

1 一个放大镜　　　　**2** 一张白纸　　　　**3** 一把尺子

 **趣味游戏DIY**

① 关掉房间里的灯，使房间里较暗。（图1）

图1

② 在离窗户5米远的地方将放大镜举高。将白纸放在放大镜的后面。（图2）

图2

③ 前后调节整张纸的位置，直到窗户和窗户外的树的影像能清晰地显示在纸上。（图3）

图3

④ 你会发现，纸上出现的影像比窗外的树要小，而且窗户和树的影像是倒立着的。

爱迪生告诉你

放大镜是一种凸透镜，就如同眼睛中的水晶体，光通过放大镜时会改变方向。

当光线映在纸上时，纸上就会出现变小倒立的影像。我们看物体时，物体先在水晶体上呈现变小倒立的影像，再通过视觉神经传到大脑，经大脑的视觉中枢处理后，我们就看到正立的物体了。

【生活中的科学】

根据眼睛成像原理，英国眼科医院研制出一项"仿生眼"移植手术。经过手术的盲人患者，大致可以看清物体的轮廓，分辨物体移动方向，并能感知光线强弱。

"仿生眼"技术的诞生，让许多盲人有了重见光明的机会。

看不见的盲点

明明画在纸上的黑点，放在你眼前，你却看不见，这是怎么回事呢？其实这是眼睛的盲点在作怪。下面我们就通过这个有趣的实验来认识一下盲点吧。

 工具百宝箱

❶ 一张白纸　　　　　❷ 一把直尺　　　　　❸ 一支铅笔

 趣味游戏DIY

① 在纸上画两个齐平的黑点，两点相距10厘米。（图1）

图1

② 将白纸放在面前，用右手挡住右眼，让左眼对准右边的黑点。（图2）

图2

③ 另一只手把纸向外移动，移到距离眼睛26~30厘米处，用你眼睛的余光观察左边的点，看看会出现什么现象。（图3）

图3

④ 再换成右眼，按上述步骤操作，观察现象。

⑤ 当白纸移到距离眼睛26~30厘米处时，原来左眼能看到的左边的黑点突然消失了。换成右眼，结果也一样。

爱迪生告诉你

在人的眼球后部，有一个无视觉细胞区域，这是一个不能感受光的视觉区域，这个部位被称为"盲点"。外界物体投影在"盲点"上，影像都会从人的眼前"消失"。

【生活中的科学】

当我们用两只眼睛看东西时，同一点反射的光线到达左右眼睛的视网膜上的位置不一样，即使一条光线正好在盲点上，另一条光线也不会在另一只眼睛的盲点，因此我们看见的都是完整的图像。

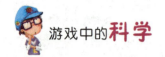

手掌上有个洞

　　我们用卷成的纸筒看手掌时，看到手掌上有一个洞。看到这种情况，你一定吓了一跳吧？将纸筒拿走，再看自己的手掌，发现并没有洞。太奇怪了！这是怎么回事呢？

工具百宝箱

一张纸

① 将一张纸卷成一个纸筒，纸筒口的大小要和眼睛等大。

② 用右手握着纸筒，使纸筒的一端贴住左眼。（图1）

图1

【生活中的科学】

　　人们根据左右眼成像重叠的原理，发明了一种"立体镜"。这种镜子能使左眼和右眼分别看到两张照片，这两张照片是用两部照相机，置于双眼的位置拍摄所得。当人们用立体镜去看时，就会呈现立体感。

③ 握着纸筒往前看，同时把右手贴在纸筒的另一端。（图2）

④ 两只眼睛往前看时，会看到一个穿透左手掌心的一个洞。

图2

爱迪生告诉你

在这个实验中，右眼通过纸筒往外看，左眼看的是一只平平的手掌。两只眼睛所接受的两个影像，会在视网膜上重叠成一个影像，再传递到大脑的信息就是：左手掌上有了一个洞。

趣味小测验

1. 鼻子顶在断桥的中间，眼睛睁开。
2. 坚持几秒钟。

断桥的两端相互靠近了。

答案：大脑能使你的眼睛看到的分开的图像合在了一起，所以你的断桥就慢慢接近了。

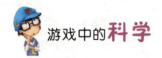

哪个圆圈更大

同样大小的两个圆圈，为什么看着却不一样大呢？真是不可思议！是我们的眼睛出问题了，还是图有问题？

工具百宝箱

① 两张纸　　　　　　② 一个圆规

趣味游戏DIY

① 先用圆规在两张纸上分别画出同样大小的两个圆。

② 分别在两个圆的周围紧挨着圆画一圈圆，如图1所示。其中一张纸上周围

的圆要比中间的圆小些，另一张纸上周围的圆要比中间的圆大一些。

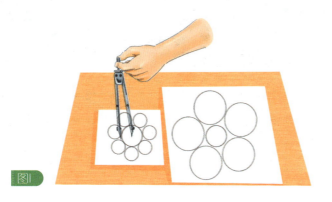

图1

③ 观察画出的两个图中间的圆圈。

④ 通过观察，我们会觉得右边图中间的圆圈比左边图中间的圆圈小。

爱迪生告诉你

这是我们的一个视觉误差，其实两个圆圈是一样大的。在我们的意识里，我们不仅去比较两个图中间的圆圈，而且还在比较它们周围的圆圈。因而得到的印象，似乎右边图中间的圆圈较小。

【生活中的科学】

视错觉就是当人观察物体时，基于经验主义或不当的参照形成的错误的判断和感知。我们也可以充分地利用好视错觉。例如，一些建筑的天花板往往并不是平的，在弯曲度不是很大的情况下，可以通过处理四条边附近的平直角，造成视觉上的整体平整感。

人会发出不同的声调

为什么女子的声调比男子的声调高呢？你一定也有过这样的疑问吧？其实声调的高低是由声带决定的。下面我们一起来了解一下人的声带吧。

工具百宝箱

1 长短橡皮筋各一根   2 一块长18厘米的木板

3 一把铁锤   4 两个铁钉

趣味游戏DIY

① 在木板两头分别钉上一个铁钉，铁钉之间的距离为15厘米。（图1）

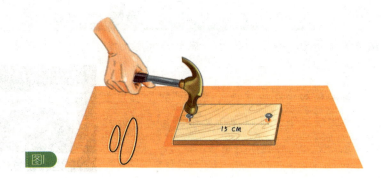
图1

②将短的橡皮筋套在两根铁钉上，用手拨动橡皮筋。

③换上长的橡皮筋套在两根铁钉上，再用手拨动橡皮筋。（图2）

图2

④你会发现，拨动短的橡皮筋时，比拨动长的橡皮筋时所发出的声音要高些。

爱迪生告诉你

拉紧的橡皮筋振动快，发出的声调更高。这个实验中的橡皮筋就像人喉咙中的"声带"。当由肺部呼出的气流冲向靠拢的声带引起振动的时候，就会发出声音。当声带松弛时，声带的振动很慢，发出的声音比较低沉；当声带拉紧时，发出的声音就比较高亢。

【生活中的科学】

声带如同橡皮筋，用力过大就会损坏它。这就要求我们要科学地去发音，建立起正确的呼吸方法和发音方法，这样才能避免声带发生病变。为了保护好声带，我们还可以加强体育锻炼，增强体质，提高对上呼吸道感染的抵抗能力；少吃刺激性食物，避免用嗓过度，禁烟酒；加强劳动保护，对生产过程中的有害气体和粉尘需妥善处理等。

人为何能听到声音

我们的耳朵可以听到很多优美、动听的声音。你知道我们是怎么听到这些声音的吗？

 工具百宝箱

 **①** 一把金属叉子　　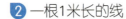 **②** 一根1米长的线　　 **③** 一张桌子

 **趣味游戏DIY**

① 将金属叉子绑在线的中央。（图1）

图1

② 将线的两端分别缠在双手的食指上，两边的线一定要一样长。（图2）

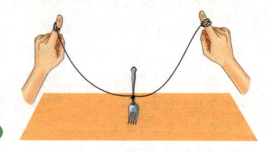
图2

③ 将双手的食指前端塞进耳朵里。

④ 让叉子自由垂下，使叉子的一端敲打到桌子的边缘。（图3）

图3

⑤ 叉子敲打桌子边缘的时候，就会听到"当——当——当"的声音。

爱迪生告诉你

当叉子碰到桌子时，叉子会振动。振动的物体会产生声音，又会引起空气的振动，然后再传到耳朵。这时，耳朵的鼓膜也产生振动，最后振动传达到神经，神经向大脑发出讯号，这样，我们就能听到声音了。

【生活中的科学】

音叉是一种测试听力的器材，形状类似大写的英文字母"Y"，是一种钢质或铝合金质的金属发声器。不同的音叉因其叉臂长短和粗细不同，其在震动时的发声频率也不同。音

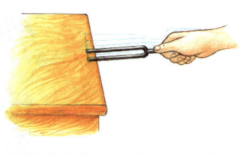

叉可以用来分辨耳聋的性质，在分辨传导性耳聋和感音神经性耳聋方面是一种简单可靠的方法。

快速旋转会怎样

当你原地转圈停止后，会感觉有些头晕，身体好像还在旋转。你知道为什么会有这种感觉吗？

工具百宝箱

你自己（最好再找一个朋友保护你完成游戏）

趣味游戏DIY

① 站在户外开阔的地方。

② 朝一个方向快速旋转6圈。（图1）

图1

3 然后立即坐在地上（最好让朋友保护你完成这一项）。（图2）

4 停止旋转以后，在短时间里，你会感觉到自己还在旋转，有一种头晕的感觉。

图2

 爱迪生告诉你

人的耳朵里有一种液体可以感知平衡。当你的身体旋转时，耳道里的液体也会开始运动。

当身体停止旋转以后，耳道里的液体仍会继续旋转一会儿，这时大脑会误以为人体还在旋转。

【生活中的科学】

生活中头晕的现象很多。如坐轮船时，轮船在海浪中起伏、冲击，船头船尾出现前后的纵摇，船体上下的垂荡和左右的摇摆，人的耳道里的液体也会跟着做这些不规则运动，传到人脑后，就会感到头晕。

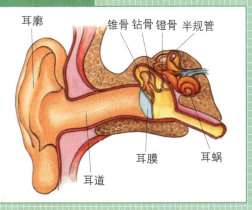

耳廓　　　锥骨 钻骨 镫骨 半规管
耳膜　　　耳蜗
耳道

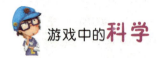

分不开的无名指

我们两只手的无名指是分开的，可以随意做一些事情。但当双手合拢，中指向下弯曲以后，其他手指都可以分开，只有无名指好像被粘住了一样，动不了。你知道这是为什么吗？

工具百宝箱

四枚硬币

趣味游戏DIY

① 将你的双手合十，手指张开，在中指以外的其他4根手指之间各夹一枚硬币。（图1）

② 夹紧手指，以防硬币掉落，然后向内侧弯曲两手的中指，使两根中指的第二个关节并拢。

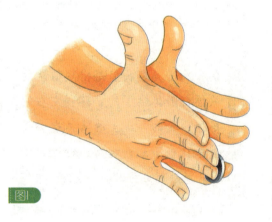

图1

③ 依次松开大拇指、小拇指、食指和无名指所夹硬币的手指。（图2）

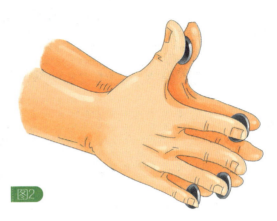

图2

④ 你会发现，只要中指的第二个关节不松动，你就无法放松两根无名指，像是被粘住了一样，动不了。

爱迪生告诉你

人体中连接骨骼的是韧带和肌肉，我们称之为"连接组织"。无名指和中指之间的连接组织作用特别强，当中指向下弯曲并被固定时，无名指就无法动弹。

【生活中的科学】

韧带和肌肉在人体中起着重要的作用。韧带的作用就是限制关节的运动范围，而肌肉起到施力和受力的作用。

人之所以能够直立行走，就是因为有了韧带和肌肉的作用，脊椎骨可以自由活动，人也就可以自由站立了。

游戏中的**科学**

不受控制的小腿

　　每天我们都要走很多路，腿是受我们控制的。可是，有时你的腿却突然不听你的使唤、不受你的控制，自行跳动。怎么，你不信？那就做做下面的游戏吧。

工具百宝箱

❶ 一把橡皮锤 　　　　　　　　 ❷ 一把椅子

趣味游戏DIY

　　① 坐在椅子上，把一条腿自然地搭在另一条腿上，注意不要用力，要放松。（图1）

图1

图2

② 让你的朋友拿着橡皮锤在你上面那条腿膝盖下方的韧带上轻轻地敲几下。（注意要轻轻地敲哟！）（图2）

③ 你的朋友每敲一下，你上面那条腿的小腿就会不由自主地向上弹起一下，不受你的控制。

爱迪生告诉你

　　这种小腿突然不由自主地向上弹起的现象，我们把它叫作膝跳反射。这种反射主要是受脊椎里的神经中枢控制的。

　　用橡皮锤敲击膝盖下方的韧带时，神经会把膝盖内感器所产生的神经冲动传送到脊椎里的神经中枢，神经中枢再通过神经冲动传到腿上，从而引起大腿上的肌肉收缩，出现膝跳反射。这种传输根本不经过大脑，所以你根本控制不了小腿。

【生活中的科学】

　　这种现象，在医学临床上常用来检查中枢神经系统疾患。例如小儿麻痹症患者膝跳反射消失；脑溢血恢复期患者膝跳反射超出正常情况，反应就会异常。

身体的错误感觉

闭上眼，用两根筷子的一端同时接触你的手臂，你会感觉到有几根筷子？一根还是两根呢？赶快试试看吧！

  工具百宝箱

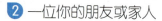

① 一双筷子   ② 一位你的朋友或家人

 **趣味游戏DIY**

① 请你的一位朋友或家人闭上眼睛。

② 你拿起两根筷子，使它们的一端相距约1厘米，用两端同时接触他的胳

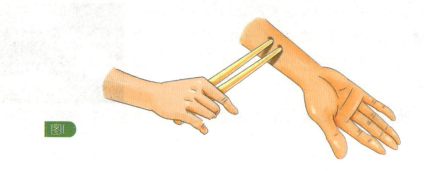

图1

膊（另外还必须有一位家长陪同完成）。（图1）

③ 请他说出他感觉到有几个尖端碰到皮肤。

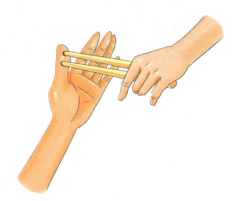

④ 然后用同样的方法碰触他的大拇指的指腹。（图2）

图2

⑤ 手臂上只能感觉到一个尖端，而手指上能感觉到两个尖端。

爱迪生告诉你

人的触觉在不同的身体部位是不相同的。人体的神经末梢分布，手指比手臂部位要多。

当两根筷子的两个尖端与皮肤同时接触时，神经末梢多的手指能正确感觉碰触的点数，而神经末梢较少的手臂则不能。

【生活中的科学】

人手指上的神经末梢比较多，感觉也特别灵敏，不但可以分辨出同时碰到东西的个数，还能辨别冷热程度。

盲人利用这一特性，通过手指来对凸字、点字进行识别，来认字，学习知识，而且还会通过手指来辨别钱币的真伪和多少。

游戏中的**科学**

拿不走的凳子

　　一把普通的凳子，却拿不走它，是凳子太重了？不是。是凳子被固定住了，拿不起来？也不是。这到底是什么原因呢？

工具百宝箱

一把矮凳子

趣味游戏DIY

　　① 鞋尖紧贴着墙壁而立,用鞋子的长度来衡量，后退三只鞋的长度。（图1）

　　② 请人将矮凳子放在你和墙壁之间，身体往前倾，直到你的头顶到墙壁。

双手抓住凳子并把它提起来，使凳子的面顶住你的胸部，然后试着站起来。（图2）

 有些人可以轻松地站起来，而有些人则很费劲，甚至站不起来。

图2

爱迪生告诉你

受重力作用，人体也有重心。人体重心以上的部分和重心以下的部分，重量是相同的。对那些重心低的人来说，这把矮凳子的重量并不能阻止其站起来。

一般，女性可以很自如地提起凳子。而男性则很难，在这个实验中，矮凳子会使他们的重心不稳定，失去平衡，站不起来。

【生活中的科学】

人体的重心是会变化的。不同的姿势、不同的体态，重心都是不相同的。

一个会游泳的人，要想在水面上仰着漂浮起来，必须尽量往后仰头把两耳没于水中，而把鼻和口露在外边，达到颈和背往后上方挺起来，还要把肚脐露出水面，使重心在体内上升，让较重的下肢也能浮起来。

心跳也能看得见

心脏在胸腔里跳动，心跳怎么能看得见呢？如果我说"能"，你一定很惊讶吧？那我们就试试看吧！

工具百宝箱

❶ 一张细长的纸条　　　❷ 一枚图钉　　　❸ 红墨水

**趣味游戏DIY**

① 把纸条捻卷成锥杆形，为了使观察的效果更明显，在它的尖端涂上红墨水作为标记。（图1）

图1

②将捻卷的纸杆较粗的一端插在图钉的针尖上。（图2）

图2

③把图钉放在手腕上靠近拇指的一侧，观察现象。

④纸杆的尖端做连续性的摆动。

爱迪生告诉你

腕部动脉的跳动次数和心跳是一样的。

小纸杆每摆动一次，表示心脏收缩、舒张一次。纸杆摆动次数的多少反映了心脏跳动的快慢。

【生活中的科学】

心脏的跳动是有规律的。成年人每分钟心跳一般是七八十次，在60~100次之间都属正常。劳动时比安静时要跳得快些，女性比男性要跳得快些，孩子比大人要跳得快些，新生儿每分钟可以跳到100次。

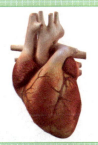

猜你不知道

▌你了解人做梦的来龙去脉吗？

德国化学家奥古斯丁·凯库勒（1829—1896）在壁炉边小憩时，梦到碳原子链围绕着他，"就像一条咬自己尾巴的蛇"。由此，他突发灵感，推导出了几个月来他一直研究的苯分子的分子结构，应该是由六个碳原子加上六个氢原子组成的环。这个梦让凯库勒成功解决了多位前人都未能回答的难题。

梦境离不开日常生活，有些梦往往与自身经历中印象深刻的事情有关，正所谓"日有所思，夜有所梦"。当人睡着之后，大脑皮层的大部分细胞都休息了，可仍有一部分神经细胞处于兴奋状态，因此人在睡觉时会产生梦。或者受电视、电影中某些情节的影响而生成梦，还可能因为身体某部分受到刺激后大脑做出反应而生成梦。

▌为什么切完辣椒后，手指会有火辣辣的感觉？

当你吃多了辣椒，舌头就会被辣得生疼。但是你有没有留意到，当你切完辣椒后，手指同样会感觉到火辣辣地疼，这是为什么呢？原来辣椒中含有一种叫"辣椒素"的物质，当它沾染到手指上后，会使微血管扩张，导致皮肤发红、发热，而且还会刺激到痛觉神经，手指当然会感到火辣辣地疼了。当然，遇到这种情况，你可以用酒精棉球单方向擦拭手指，并用热水冲洗；或者用食醋吸收也可以。一定要记得，不要直接用冷水冲洗，这样会使疼痛感加剧。

第六章
神奇的化学

6

一个东西变成另一种形状没什么好奇怪的，但如果把它变成另外一种东西是不是很神奇呢？这就是化学的力量。在这一章，我们将教你如何"移动"火焰，并将它变成两朵，如何使手帕在火中"跳舞"，如何点燃钢刷！先别说不信，来试一试就知道了。

一朵火焰变两朵

本来是一朵火焰，却突然变成两朵，这是怎么变出来的呢？做完下面这个游戏，你就明白是怎么回事了，快来吧！

工具百宝箱

1 一支蜡烛 　　　　　2 一根中空的玻璃管

3 一根铅丝 　　　　　4 一盒火柴

趣味游戏DIY

① 将蜡烛固定在桌子上面，另外用铅丝将玻璃管的中间固定住，使铅丝成为一个柄。（图1）

图1

② 点燃蜡烛，拿起玻璃管，把它的一端放到烛火的火焰中间，再用点燃的火柴去另外的一端引燃，另外一端的管口也会冒出一朵火焰，这时一根玻璃管便出现了两朵火焰。（图2）

图2

爱迪生告诉你

烛火的火焰中心，有一些未曾燃烧的碳氢化合物（蜡烛油的蒸气）。当把玻璃管插上去的时候，它便从管子里"逃"出。这时用火一引，它便在另外一头燃烧起来。但是，如果拿玻璃管插在火焰的旁边，就引不着了，因为火焰旁边没有可供燃烧的碳氢化合物。

【生活中的科学】

打火机和火柴的点火原理相同吗？

原理是相同的。用打火机打火时，手指要按打火机的齿轮，齿轮就会摩擦火石，产生足够的热量，迸射出火花。火石里含有着火点比较低的物质，即金属镧和铈。它们所起的作用与火柴盒上的红磷相似，稍加摩擦，便能点火燃烧。所以说，打火机和火柴的点火原理相同。

游戏中的**科学**

移动的火焰

你见过可以移动的火焰吗？下面这个游戏，就是利用刚喝完的空酒瓶来制造移动的火焰奇观，不信可以动手试一试！

工具百宝箱

1 一个透明的白酒酒瓶（酒刚被倒出来）　　**2** 一盒火柴　　**3** 一盒香烟

趣味游戏DIY

1 用火柴点燃香烟，将香烟的烟雾慢慢地吹进酒瓶中。（图1）

2 用手盖住瓶口，并摇晃一下瓶子。（图2）

③ 关上房间里的灯，用点燃的火柴去接近瓶口。

④ 结果听见"嘭"的一声，并看见有淡蓝色火焰从瓶口向下移动。（图3）

 图3

 爱迪生告诉你

酒刚喝完后，瓶壁上仍然会残留一些酒精，而香烟的烟中含有碳的微粒子。酒精和碳的微粒子碰到一起，遇到明火，就会燃烧。火焰随着酒瓶壁向下移动，当酒瓶壁上面的酒精全部燃烧之后，火焰才会熄灭。

【生活中的科学】

为什么易燃液体不能放在冰箱里?

冰箱内的启动继电器在启动时会产生电火花，虽然电冰箱内温度较低（有的可达-20℃），但一些易燃液体的闪点更低（如乙醚的闪点为-45℃）。如果易燃液体的密封差，挥发出的易燃蒸气与电火花接触就会发生火灾或爆炸事故。所以，不能把易燃液体放在冰箱里保存。

钢刷燃成了灰烬

　　家里用于清洁器皿的钢刷，居然能够被火柴点燃而且被燃烧成灰烬。说出来你相信吗？肯定不信！来，让下面这个游戏带你见证这一奇迹吧！

 工具百宝箱

❶ 一团干燥的钢刷（呈团状的薄钢丝）　　　❷ 一盒火柴

❸ 一张铝箔　　　　　　　　　　　　　　　❹ 一个碟子

趣味游戏DIY

①　取一小团钢刷，将其拨松弄散。

②　把一张铝箔摊平并覆盖在碟子上，放上钢刷。（图1）

图1

③ 关掉房间的灯或拉上窗帘，然后用火柴点着钢刷。只要钢刷足够蓬松和干燥，它就会燃烧起来。（图2）

爱迪生告诉你

大家平时觉得钢铁是不会燃烧的，其实只要满足一定条件，钢铁也会燃烧。虽然钢铁的燃点在1200℃以上，但是由于钢刷是由极细而薄的钢丝做成的，质量小而表面积大，弄松以后燃烧时氧气供应充足，可燃温度就降低了几百度，因此用火柴就可以点燃。

【生活中的科学】

既然连钢铁这种固体都能燃烧，那么水等液体能燃烧吗？

燃烧是可燃物质与氧气在一定条件下进行的激烈化学反应。酒精、汽油、煤油都含有碳和氢，是可以燃烧的。它们燃烧时与氧气发生反应，生成二氧化碳和水。而水是这些物质燃烧后生成的产物，不具有与氧气结合的性质，所以不能燃烧。

火中跳舞的手帕

　　生活中常常会发生火灾，火灾过后只留下一堆灰烬，所以在人们的印象中，大火可以吞噬一切。但是，这里有一条手帕，它不但不怕火，还可以在火中翩翩起舞。想知道这是为什么吗？快来做个游戏吧！

 工具百宝箱

1 一块棉手帕　　　　**2** 一瓶浓度为75%的酒精　　　　**3** 一把尖嘴钳

4 一盏酒精灯　　　　**5** 一个玻璃杯　　　　　　　　　**6** 一个装有水的脸盆

7 一盒火柴

 **趣味游戏DIY**

1 把手帕放在杯子里，倒入酒精。

2 用火柴点燃酒精灯。

3 用尖嘴钳夹出手帕，靠近酒精灯的火焰。可以看到手帕立即被点燃了。（图1）

图1

酒精 75%

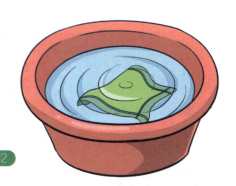

④ 在手帕所浸的酒精快燃尽时，把手帕放进盛有水的脸盆。我们会发现手帕并没有被烧坏。（图2）

图2

爱迪生告诉你

浸泡手帕的酒精包含纯酒精和水。火焰以酒精为燃料，酒精在手帕表面燃烧。

即使某个区域的酒精燃尽了，由于手帕中的水会蒸发，维持手帕的表面温度始终不会达到燃点。因此，燃烧的只是酒精，而手帕没有燃烧。

【生活中的科学】

为什么人们清洗物件的时候要用酒精擦洗呢?

酒精是很好的清洗剂，其特点是去污效果强、易挥发，它不仅能有效去除电器表面的各种污渍，而且对一些电子元件的内部污迹也能有效清除，同时又不影响电器的使用性能。

但是，不要长时间用75%的酒精消毒，因为同种消毒液长时间使用可能会造成菌体对此的耐抗性，因而会降低甚至失去杀菌作用。

柔软的骨头

你伸手摸摸自己的骨头，有什么感觉？是不是很坚硬？那么，你见过像橡皮糖一样柔软的骨头吗？下面让我来教你怎么制作出一根"柔软的骨头"吧。

 工具百宝箱

1 一个玻璃瓶   **2** 一根干净的鸡骨头

3 一把汤匙   **4** 醋

 **趣味游戏DIY**

1 在玻璃瓶中倒入一些醋，然后把鸡骨头放入醋汁中。

2 让醋汁完全覆盖住骨头，浸泡两天。（图1）

图1

③ 两天后把骨头从醋汁中捞起来，然后用汤匙敲一敲泡过的骨头。

④ 此时鸡骨头已变得非常柔软了，不仅可以轻易折弯，甚至还可以打结呢。（图2）

图2

爱迪生告诉你

骨头之所以坚硬，是因为它内部有一种含钙化合物。醋是一种酸，会与含钙化合物发生反应，形成新的可溶物质。

这种可溶物质溶解在醋中，剩下的就只有骨头中柔韧的部分了。所以，骨头就变得非常柔软了。

【生活中的科学】

吃饭时鱼刺卡喉该不该喝醋来解决呢？

当孩子喉咙卡鱼刺时，有些家长会采取让孩子吞咽饭团、馒头和喝醋的方式来处理，但这两种处理方法都是不正确的。饭团、馒头的吞咽会将露在外面的鱼刺推入食管的深部，增加发现及取出鱼刺的难度。

而醋不但不能软化鱼刺，相反醋的酸度会刺激并灼伤食管的黏膜，使受伤的部位扩大，伤势加深。所以，家长应该尽快带孩子去正规医院接受合理的治疗。

人工催熟香蕉

　　大家在吃香蕉时，有没有想到你吃的香蕉有可能是在生的时候被摘下来的？也许你会问："我吃的时候为什么是熟的呀？"做完这个小实验你就会明白了！

 ## 工具百宝箱

1 一个塑料袋　　　2 两根未成熟的青香蕉　　　3 一根绳子

 ## 趣味游戏DIY

　　① 把一根青香蕉放进塑料袋里，用线把塑料袋扎紧，放在桌子上。（图1）

图1

② 把另一根青香蕉也放在桌子上。

③ 3天后，把塑料袋子拆开，你会发现，袋子里的香蕉已经变黄了，而外面那一根基本上还是青的。（图2）

三天后

图2

爱迪生告诉你

　　香蕉自身会产生乙烯气体，把香蕉催熟。塑料袋里的香蕉产生的乙烯气体被困在袋子里，浓度较大，可以使香蕉被催熟得更快。

　　而放在袋子外面的香蕉产生的乙烯气体大部分都散失到空气中了，因此外面的香蕉会熟得慢一些。

【生活中的科学】

　　像这种乙烯催熟的方式在生活中是很常见的。市场上卖的水果有一部分就是靠这种方法催熟的，经常吃催熟的水果对身体健康不利。因此，我们买水果的时候尽量不要买催熟的水果，要多买一些时令水果和蔬菜。

把字写进鸡蛋里

我们用笔可以把字写在纸上、布上，甚至木头、石头上，那么你知道我们也可以把字写进鸡蛋里吗？赶快试试吧！明明写在蛋壳外面的字怎么会出现在蛋壳内部的蛋清上呢？

 工具百宝箱

1. 生鸡蛋　　　　　2. 食醋　　　　　3. 毛笔
4. 勺子　　　　　　5. 锅　　　　　　6. 煤气灶

趣味游戏DIY

①　用毛笔蘸醋在生鸡蛋壳上写下"开心"二字，并晾干。（图1）

②　等醋干了之后，把鸡蛋放进锅里煮熟。（图2）

图1

图2

③ 用勺子将鸡蛋从锅里捞出来。

④ 将蛋壳剥掉，使蛋白完整地露出来，你会看到蛋白上有刚才所写的字迹。（图3）

图3

爱迪生告诉你

因为蛋壳的主要成分是碳酸钙，它能和醋酸发生化学反应生成醋酸钙。一部分醋酸会穿过蛋壳，和蛋清膜发生化学反应。鸡蛋煮熟后，字迹就出现在蛋白上了。

【生活中的科学】

鸡蛋壳里含有丰富的钙，经过加工可以成为肥料，可以入药，可以做净化剂，甚至可以美容，具有很高的利用价值。所以，对蛋壳的合理利用是非常有必要的，既能减少环境污染，又可以节约资源。

会"吹"气球的酵母

酵母的主要成分是一种细小的真菌。人们常常用它来做面包和馒头。你知道吗？酵母还可以用来吹气球，这是怎么回事呢？

工具百宝箱

1 一个塑料瓶　　　2 热水　　　3 两茶匙酵母

4 两茶匙糖　　　5 一个气球

趣味游戏DIY

1 将酵母和糖倒入塑料瓶。（图1）

2 往塑料瓶里慢慢地注入热水。

图1

③ 把气球套在瓶颈上。（图2）

图2

④ 不一会儿，你会发现，瓶中的液体开始冒出泡沫，气球自动鼓了起来。

爱迪生告诉你

酵母的主要成分是一种细小的真菌，真菌从糖分中得到养料，产生一种叫作二氧化碳的气体。

液体中的二氧化碳会形成一个个小气泡，气泡浮到液体表面，破裂后，二氧化碳逃逸到空气中。就这样，气球鼓了起来。

【生活中的科学】

我们平时吃的馒头、面包就是利用酵母的这个特性来制作的，在有氧气的环境中，酵母菌将淀粉中的糖分转化为水和二氧化碳，所以你会看到，在馒头或者面包里有很多小孔，这就是产生的二氧化碳气泡造成的。

给冰块盖棉被

我们总会看到卖冰棍的叔叔阿姨们会用棉被将箱子盖上，你一定会感到疑惑：棉被不是保暖的吗，盖上棉被不是会使冰棍融化得更快吗？完成下面的实验，你就知道答案了！

 工具百宝箱

 ① 两个碗   ② 两块冰 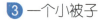 ③ 一个小被子

 **趣味游戏DIY**

① 将两个碗放在桌子上，取两块冰，每个碗里各放入一块。（图1）

图1

② 一个碗用小被子盖着，另一个不盖。（图2）

图2

③ 过一会儿，掀开被子，你会发现盖小被子的碗里的冰块没有融化，没盖被子的碗里的冰块先融化了。

爱迪生告诉你

被子主要是用棉花做成的，棉花是热的不良导体，可以起到隔热的作用。冰块盖上了被子，就防止了热的对流、辐射和传导，将热空气阻挡在外面，所以冰块就会融化得很慢。

【生活中的科学】

棉被的作用是保温隔热，不与外界发生热交换。正如我们冬天穿的棉衣一样，棉衣本身并不产生热量，只是由于我们人体有温度，在棉衣的作用下，我们人体不会与外界发生很多的热交换，从而达到保温的效果。

毛线做的 "过滤器"

　　毛线不仅可以用来织毛衣，织手套，还可以做 "过滤器" 呢！想知道这是怎么回事吗？赶快动手做一做吧！

工具百宝箱

1 一个装有水和泥土的混合物的杯子　　　　**2** 一根毛线

3 一个空杯子　　　　　　　　　　　　　　**4** 一本厚字典

趣味游戏DIY

　　① 将杯子里的水和泥土搅拌，使其混合。（图1）

　　② 把空杯子放到桌面上，然后把盛有混合泥水的杯子放到厚字典上。

水和泥土混合物

字典

图1

③ 将毛线两端分别放到两个杯子里，过几个小时你就会发现，混合物中的水已经全部转移到空杯子里去了，而且，水还是清亮的，泥土却依然留在原来的杯子里。（图2）

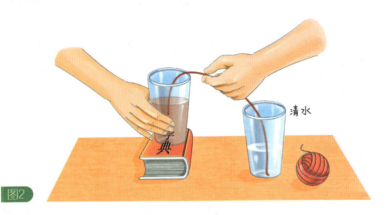

清水

图2

爱迪生告诉你

毛线可以看成是由很多毛细管组成的，这个实验运用的就是毛细管吸水的原理。

水会沿着毛细管自动上升，是因为毛细管里的分子与水分子互相吸引造成的，并且毛细管越细，水吸得越快。

【生活中的科学】

照明用的油灯就是运用了毛细管原理。火焰在灯芯的顶端，而可燃烧的油在瓶子里。

将燃烧线插在可燃的油里，通过毛细管原理，油会顺着线上升，直到线的顶端，这样就可以燃烧了。

神奇的洗衣粉

　　洗衣粉真是神通广大，污渍、油渍遇到它，很快就"逃"得无影无踪，脏衣服变得和新的一样，你知道洗衣粉是如何"工作"的吗？

 工具百宝箱

❶ 两杯清水　　　　　❷ 一勺洗衣粉　　　　　❸ 细棉线六根

 **趣味游戏DIY**

①将半汤匙洗衣粉倒入一杯清水中。（图1）

②用汤匙把洗衣粉搅拌均匀。

③ 把准备好的细棉线各放三根到两杯水中，你会发现，放在清水杯中的棉线浮在水面上，放在有洗衣粉的杯子里的棉线很快沉到了杯底。（图2）

爱迪生告诉你

洗衣粉由许多分子组成，这些分子的一端很容易和水混合，被称为"亲水端"；另一端很容易和油混合，被称为"亲油端"。它们与油污相遇后，亲油端紧紧"抓"住油污，而亲水端则从外面把油污围住，从而很快浸湿、浸透衣物，这样，衣物很容易就被洗干净了。

【生活中的科学】

洗衣粉一般呈弱碱性，而碱性越强去污能力就越好，但对衣物的损害也就越大。洗衣粉在各种水中都能保持良好的去污能力。洗衣粉的种类很多，性能也有所不同。比如，加酶洗衣粉中加入了碱性蛋白酶生物催化剂，能除掉顽固的蛋白质类污垢，如汗斑、血迹等。无磷洗衣粉中聚磷酸盐的含量大大降低，这样更加环保，而去污效果却一点也不差。

为何不能用铝锅煎药

中医专家说："铝锅是不能用来煎中药的。"这是为什么呢？

 工具百宝箱

① 两块口香糖　　　② 醋

③ 一个杯子　　　　④ 一块毛巾

 **趣味游戏DIY**

① 取下两块口香糖上的铝箔。
（图1）

 **你知道吗？**

　　在化学反应中，反应前的元素或者化合物叫作反应物（意思就是它们能够进行反应），反应产生的物质叫生成物。化学反应有多种：化合反应是多种反应物结合，并形成一种新的化合物；分解反应能够将反应物和化合物分解为其包含的元素。此外还有替换化学反应——化合物的一种或者多种元素会变换原来与自己结合的元素。

② 向杯中倒入小半杯醋，把一片铝箔浸在醋中。（图2）

③ 三天后，取出铝箔，用毛巾擦干。

图2

④ 比较两片铝箔，你会看到被醋泡过的铝箔颜色比较暗。

爱迪生告诉你

醋是一种酸性液体，而铝这种金属既怕酸又怕碱，它会和酸性或碱性的物质发生化学反应，生成新的物质。

中药熬成的药汤带有一定的酸性，它和铝锅会发生化学反应产生新物质，影响药效。

【生活中的科学】

存放了一段时间的食品或中药材，都会或多或少地含有酸性或碱性物质，因而不适宜用铝质器皿存放或进行热加工。

所以，铝锅只适合用来煮饭、烧水，而不适合用来长时间存放食物，更不能用来煎中药。

复制报纸图片

　　如果你在报纸上看到了一张喜欢的图像，想要收藏起来，你会怎么办呢？今天就教你借助一些简单的东西，来"复印"你喜欢的图像。

工具百宝箱

1 一瓶洗涤液　　　2 一杯清水　　　3 一瓶松节油

4 一个小盘　　　　5 一张白纸　　　6 一个小勺子

7 一块海绵　　　　8 一把尺子　　　9 一张有图像的报纸

趣味游戏DIY

　　① 取两勺清水、一勺松节油、一勺洗涤液放到小盘中，搅拌均匀，形成混合溶液。（图1）

图1

② 用海绵蘸着混合液，轻轻地、均匀地涂抹在报纸的图像上。（图2）

图2

③ 拿一张白纸覆盖在报纸的图片上，并用尺子用力碾擦白纸。（图3）

④ 过一会儿，揭下白纸，你就会看到报纸上漂亮的图像被复制到白纸上了，但这时的图像是水平镜像。

图3

爱迪生告诉你

松节油和洗涤液混合会产生一种感光乳胶，会浸入到干燥的油墨染料和油脂之中，使其重新液化，液化的油墨浸入白纸中，就把报纸上的图像复制下来了。

【生活中的科学】

我们知道复印机也可以复印图像，它是通过光学成像原理，使原稿图像成像在光导体上，然后通过静电原理，使用带有极性相反电荷的墨粉，使光导体表面的静电图像转化成为光导体表面的墨粉图像，再将光导体表面的墨粉图像转印到纸的表面，从而完成复印过程。

自动 "抽水机"

当你给鱼缸换水时，是否一条一条地把鱼捞出来？这太麻烦了！今天我们就来学一学如何让鱼缸里的水自动消失。

工具百宝箱

1 水

2 一个垫物

3 一个托盘

4 一个杯子

5 一个漏斗

6 一把锥子

7 一把剪刀

8 一个塑料瓶

9 两根弯折的吸管

趣味游戏DIY

① 用锥子在塑料瓶的中部戳一个洞，洞的大小和吸管的粗细差不多。（图1）

图1

② 将其中一根吸管长的一端插进洞里，短的一端留在外面，并在外面吸管的端口上剪个斜口，将另一根吸管剪一个同样的斜口，然后把两根吸管的斜口接起来。（图2）

图2

③ 把垫物放到托盘中，然后把塑料瓶放到上面，再把漏斗放到塑料瓶口上。

④ 把水倒入漏斗，瓶内的水位上升至吸管弯折处时，停止倒水。（图3）

图3

⑤ 当水位上升到吸管弯折处时，瓶子里的水立刻被吸管排走；当停止往瓶里倒水后，瓶里的水还继续被排出，直到瓶里的水流完为止。

爱迪生告诉你

在实验中，当水位升高到吸管弯折的位置时，插在瓶里的吸管中的水也升到同样的高度。水位继续上升，高出的部分就会通过吸管很快地排出，直到瓶内的水流完为止。这种现象就是"虹吸现象"。

【生活中的科学】

抽水马桶就是利用这个原理制造的，它在排污时，马桶内的水面超过S弯的高点时，形成虹吸现象，这样就能把马桶内的水和污物一同抽走，直到只剩少量水时，虹吸现象被破坏，留下的少量水形成了水封。

猜你不知道

你了解中国古代的炼丹术吗？

金丹是古代炼丹术炼出的人工矿物和金属，曾被认为是一种可以使人长生不老的仙药。炼丹术最早起源于中国，东汉时期的魏伯阳编著了一本《参同契》，记载了炼制丹药的详细过程。12世纪，炼丹术经阿拉伯人传到了西欧。现代科学研究证明，古代所谓的金丹，其主要成分是汞、铅、砷和硫的化合物，有剧毒，所以服食丹药不但不能延年益寿，还能致人丧命。

你知道口香糖的原料是什么吗？

19世纪60年代，美国冒险家亚当斯在和墨西哥人交谈时，发现他们总会不时地从口袋里拿出一小块树胶放进嘴里嚼。后来，亚当斯从孩子们嚼树胶这一现象中获得灵感，开始对这种树胶进行加工，去除了这种树胶的异味，并取名为亚当斯口香糖，开始销售。后来，人们又在树胶里加入食用香料和薄荷，就逐渐变成了今天的口香糖。

你知道如何制作一封"秘密信件"吗？

你可以试着用柠檬汁写一封信，收信人只要加热这张纸，就能发现你写的隐藏信息了。原来柠檬汁里面含有碳水化合物，这种碳水化合物的水溶液是无色的，因此纸上的汁液风干后，字迹就不见了。当加热这张纸时，碳水化合物就会分解，生成碳原子，于是，白纸上的字就"现形"了。

第七章

声音魔力棒

7

各种各样的声音为这个世界注入了无限的活力，也使我们的生活变得丰富多彩。那么你知道声音是怎么来的吗？本章的游戏不但会让你明白声音的"来历"，还会让你感受到各种声音的无限魅力。

游戏中的**科学**

变调的嗓音

当火车由远及近，再到慢慢远去的这段时间里，你所听见的火车的声音有什么变化呢？为什么会发生这样的情况呢？下面这个小游戏会带你见证其中的原因。

工具百宝箱

1 电扇　　　　　　　　　　　2 桌子

趣味游戏DIY

1 将电扇放在桌子上。
2 插上电源，打开电扇开关。（图1）

图1

趣味小测验

当你站在铁路旁，留意一列快速行驶火车的鸣笛，你会发现在它向你行驶时声音的音调会变高（即频率变高），在它离你而去时音调会变得低些（即频率变低）。这种现象叫作多普勒效应。

③ 面对转动的电扇大声说话。（图2）

④ 结果，你的声音变了，像是机器人在说话。

图2

爱迪生告诉你

当你对着电扇说话时，声波朝电扇传播开去，有些声波被扇叶反弹回来，而有些声波则穿过扇叶"溜"掉了。所以，被反弹回来的只有一部分声波，声音听上去就变了。

【生活中的科学】

为什么在回音壁的一侧说悄悄话，却能被另一侧的人听到?

在圆形墙壁内产生的声波并不是按直线传播的，而是不断地在圆形围墙上反射。回音壁的壁面光滑坚硬，对声音的吸收很少，是很好的声音反射体，声音比在空气中传播衰减得慢。所以，声音能顺着围墙，经过多次反射而传播得很远。

制作弦乐器

吉他、大提琴、小提琴等乐器上都有许多的弦，通过人拨动琴弦，就能演奏出柔美、动听的音乐，这是不是很神奇呢？下面我们就来自己制作一个弦乐器吧。

 工具百宝箱

① 带盖的塑料盒　　　　　　② 一把小刀

③ 4根粗细不同的橡皮筋　　④ 一支铅笔

 **趣味游戏DIY**

① 用小刀在塑料盒的盒盖上割一个椭圆形的洞。（图1）

图1

② 盖上盒盖，把4根长度相同，但粗细不同的橡皮筋绑在盒子上。（图2）

图2

③ 用手拨动粗细不同的橡皮筋，比较声音的不同。

④ 在盒盖和橡皮筋之间放一支铅笔，再拨橡皮筋。（图3）

图3

⑤ 第一次拨橡皮筋时，细橡皮筋发出的音调比较高，粗橡皮筋发出的音调比较低。插入铅笔后再次拨动橡皮筋，橡皮筋长的地方声音低，短的地方声音高。

爱迪生告诉你

橡皮筋的振动通过盒子里的空气向外传播，声波会从盒盖的洞口往外传。细橡皮筋振动得比粗橡皮筋快，因此发出的音调比较高。当插入铅笔后，改变了橡皮筋的长短，长的地方振动慢，声音就低；短的地方振动快，声音就高。

【生活中的科学】

弦乐器是利用拨动琴弦来发出声音的。这些乐器由于操作方式的不同，可分为弓弦乐器和拨弦乐器两种类型。

为了取得不同的声音效果，这些乐器上需要安装粗细不同、长短不一的琴弦。

自制扩音器

在我们的生活中，喇叭经常被用来将声音传到更远的地方，通过下面的实验，一起来探究一下它的原理吧！

工具百宝箱

1 一张厚纸板

2 两个一次性纸杯

3 一个硬纸盒

4 一根棉线

5 胶带

6 两根牙签

7 一把剪刀

8 一把小刀

9 一支铅笔

趣味游戏DIY

① 在两个纸杯的底部各钻一个小孔，将棉线从一个纸杯底部的小孔穿过，然后用牙签系在棉线上通过纸杯底部的一端，将纸杯扣住。（图1）

图1

② 把厚纸板剪成长方形，在中心位置剪一个以纸杯口直径为边长的正方形，并将长方形的四个角剪去。（图2）

图2

③ 将穿有棉线的纸杯倒扣在正方形的开口位置，并用胶带固定。（图3）

④ 把硬纸板装进硬纸盒中，棉线要穿过硬纸盒的另一边，然后将棉线的另一端穿过另一块纸板底部的中心小孔，用牙签扣住。

图3

⑤ 让另一个人拉紧棉线，对着纸杯说话，你会发现，从纸盒喇叭传出的声音被扩大了。

爱迪生告诉你

对着纸杯说话，声波会聚集在纸杯中，通过棉线传到另一个纸杯。由于声音在固体中的传播速度要比在空气中快，而且硬纸盒也有聚集声音的作用，所以声音不但不会扩散，反而会有扩大音量的效果。

【生活中的科学】

人们在向远处喊话时，经常会用双手拢成喇叭状，或用硬纸卷成喇叭状再对着喊话，这时，声音被聚集起来，通过双手或纸卷的喇叭传播，声音就会变得更大。冲锋号的前端带有一个喇叭也是运用了这个原理。

自制 "助听器"

如何使一个相对较小的声音在传到你耳朵之前不会消失？助听器就能帮你收集声音，并把声音直接送到你的耳朵里，让你更容易听清外界的声音。

 ## 工具百宝箱

① 两个塑料漏斗

② 一条2米长的塑料软管

③ 一个石英钟或一块手表（不要用数字表）

④ 胶带、剪刀

 ## 趣味游戏DIY

① 在塑料软管的两端各插入一个漏斗，并用胶带纸固定。（图1）

图1

 你知道吗?

听诊器是怎么来的

一百多年前的一天，法国名医雷奈克在街上走着，看到两个孩子在做游戏，一个孩子在树的一头敲打，另一个孩子在树的另一头听。他从这件事得到启发，请人专门做了一个空心的木管，作看病时的听诊用，效果非常好。这就是听诊器，因为它的形状很像一支笛子，所以就叫它"医生之笛"。

② 把表放在离你2米远的地板上，并用其中的一个漏斗罩在表上。（图2）

③ 将另一个漏斗放在你的耳朵上，你能听到什么？（图3）

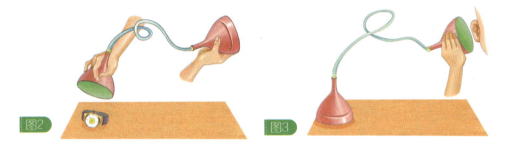

图2　　　　　　　　　　　图3

④ 将漏斗和软管拿走，你依然站在离表2米处的位置，你又听到了什么？

⑤ 当漏斗罩在表上时，你可以通过软管另一端的漏斗很清楚地听到表的嘀嗒声；当将漏斗和软管移开以后，你就不能听到表的嘀嗒声了。

爱迪生告诉你

声音在空气里是向四周传播的，因此一个很小的声音在到达你耳朵前就消失了。当你将连接着软管的漏斗罩在你的耳朵和表上时，表上的漏斗可以把声音聚集起来，并通过软管传到你的耳朵中。

【生活中的科学】

医生经常用听诊器来听病人身体内部器官发出的声音，比如心脏。听诊器就是应用了这个原理，使微弱的声音加强，让医生能够清晰地听到病人身体内部器官发出的声音。

铃声消失了

我们知道铃铛发出的声音是很清脆响亮的，可现在任凭你怎么摇晃，都听不到声音，铃声怎么会消失了呢？完成下面的实验，你就知道答案了。

 工具百宝箱

1 一个大圆底烧瓶（带有支架、橡皮塞和玻璃管）

2 带夹子的橡皮管　　　3 一个小铃铛　　　4 一根细线

5 清水　　　6 酒精灯　　　7 火柴

 **趣味游戏DIY**

① 在烧瓶的玻璃管上端接上带夹子的橡皮管，橡皮管下端缚上小铃铛。（图1）

图1

② 往烧瓶内倒一点儿清水，安置好装置，摇动一下，注意听声音。（图2）

图2

③ 用火柴点燃酒精灯，打开夹子，加热圆底烧瓶。

④ 水沸腾后再过一会儿，用夹子把橡皮管夹紧。冷却后，再摇晃，听声音。松开夹子再摇晃，再听声音。（图3）

图3

⑤ 第一次摇晃，有清脆的铃铛声；第二次，夹紧橡皮管摇晃，听不到声音；第三次，松开夹子，听到铃铛声。

爱迪生告诉你

声音是靠空气传播的。第一次瓶子里有空气，所以能听到；给烧瓶加热，瓶内的空气随水蒸气一起跑掉了，夹住橡皮管后，水蒸气冷却变成水，瓶内空气稀薄，声音无法传出来；打开夹子，空气进入，声波又可以传到瓶外。

【生活中的科学】

为什么剧院中人少时有回声，而人多时却没有回声呢？

声波在传播过程中，碰到与声源有一定距离的障碍物时，一部分声音会被吸收，而另一部分声音会被反射回来。如果剧院的人很少，我们就会听到很清楚的回声。这是因为发出的声音被四面的墙壁反射回来，产生了回声现象。人身上穿的柔软的衣服是非常好的吸声材料，甚至连人们柔软的皮肤也会吸收一部分声波，所以，如果剧院里的人足够多，人们就听不到回声了。

让声音 "变身"

在嘈杂的环境中，喜欢安静的人如何才能得到一片宁静的天空呢？我们如何让声音变小或消失呢？快来下面的实验中寻找答案吧！

工具百宝箱

1 一台录音机　　　2 一块垫子　　　3 一把尺子　　　4 一把剪刀

5 一块纸板　　　6 一块塑料泡沫　　　7 一块橡胶

趣味游戏DIY

① 将纸板、塑料泡沫、橡胶等材料剪开，使材料长度略大于录音机的喇叭2厘米左右，再将每种材料的厚度叠加至2厘米。（图1）

图1

② 将录音机放在垫子上，借助垫子吸收录音机背面的杂音。先将准备好的纸板放在录音机喇叭的上方，开始收听。（图2）

图2

③ 逐渐减小音量，调节音量至听不到声音，记录下音量旋钮的数字。

④ 然后分别使用塑料泡沫、橡胶等材料，重复上面的步骤。

⑤ 用塑料泡沫和橡胶隔音时，记录下的数字较高，而用纸板隔音时，所记录下的数字较低。

爱迪生告诉你

数字越高，说明录音机的音量越大，隔音材料的吸音效果就越好。材料的密度越高，吸音效果就越好。此外，较软的材料比较坚硬的材料吸音效果更好。实验中，塑料泡沫材质柔软，所以吸音效果要比纸板好，而橡胶的密度较高，也可以达到良好的吸音效果。

【生活中的科学】

吸音原理是指声音进入多孔材料或引起可弯曲变形的板振动后，声能转化为热能的效应。声波在空气中传播与空气质点因振动摩擦使声能转化为热能，引起的声波随传播距离增加逐渐衰减的现象，称为空气吸收；当声波入射多孔吸声材料时，由于空气的黏滞阻力，空气与孔壁的

振动摩擦，使相当一部分声能转化成热能而被吸收，称为材料吸声。通过吸音原理，人们可以有效地处理有害声音。

有趣的回声

　　当你在山里大喊一声，你就会听到大山也在回应你，似乎在和你打招呼，这是不是很奇妙呢？其实这是回声现象。你知道回声是怎么产生的吗？快来下面的实验中探索一下吧！

工具百宝箱

1⃣ 一块手表　　　　　　　　2⃣ 两个碗

趣味游戏DIY

①把一个碗放在桌子上。（图1）

②把另一个碗的侧边靠在耳朵上，使碗口朝向桌子上的那个碗。

图1

③ 另一只手把手表悬空，提着放在桌上的碗里，距碗底约3厘米。

④ 身体前倾，使耳边的碗刚好在桌子上的碗的正上方，注意听声音。（图2）

图2

⑤ 你会听到手表的嘀嗒声，就好像是耳边那个碗发出的声音。

爱迪生告诉你

这是回声现象。声波在传播过程中，碰到大的反射面将发生反射，碗状物具有收拢声音的作用。所以桌子上的那个碗会收集起声波，传给耳边的碗，出现回声现象。

【生活中的科学】

为什么下雪后环境十分寂静？

这是因为刚下的雪非常松软，中间有许多小空隙。这些小空隙能吸收周围的声音，减少了声音的反射，所以周围显得比平时安静多了。当雪被压得比较坚实的时候，雪反射声音的能力就会增强，那时就没有寂静的感觉了。

用杯子演奏音乐

你听到过用杯子演奏的音乐吗？快来做一做下面这个小实验吧，明白其中的道理后，你也会成为一个小音乐家的！

工具百宝箱

① 清水　　　　　② 筷子　　　　　③ 7个相同的玻璃杯

趣味游戏DIY

① 将7个玻璃杯在桌子上摆成整齐的一排。（图1）

图1

② 往这些玻璃杯中分别注入不同高度的水。（图2）

③ 用筷子轻轻敲击每个玻璃杯的边缘，听听声音有什么不同。

图2

④ 用筷子敲击玻璃杯时，杯中的水越多，发出的声音就越低；杯中的水越少，发出的声音就越高。

爱迪生告诉你

玻璃杯中水越多，敲打时，玻璃杯的振动就越慢，发出的声音就越低；玻璃杯中的水越少，敲打时，玻璃杯的振动就越快，发出的声音就越高。因此，我们可以根据水位的高低，敲出高低不同的声音，来演奏简单的歌曲。

【生活中的科学】

中国古代的编钟是怎么奏出美妙的音乐来的？

中国古代的编钟形状及大小是有区别的，正因为如此，它们才能奏出美妙的音乐。编钟的发声原理大体如此：钟体小，音调就高，音量也小；钟体大，音调就低，音量也大。所以，铸造编钟时其尺寸和形状对编钟的音乐效果有重要的影响。

吸管笛子

你可能对乐器并不陌生，可用吸管制作的笛子你一定没见过吧？它不仅能吹出声音，还能吹出旋律来！赶快动手做一做吧！

工具百宝箱

1 若干根长度相同的吸管   2 一把尺子   3 一支笔

4 一把剪刀   5 胶带

趣味游戏DIY

① 用尺子在吸管的一端量出25厘米的长度，用笔做记号，然后用剪刀剪下。（图1）

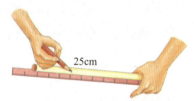
25cm

图1

你知道吗？

声音的三要素——响度、音调、音品（音色）。

响度：声音的大小，与发音体产生的声波振幅有关。

音调：声音的高低，与发音体产生的振动频率有关。

音品：声音的独特性，与发音体产生的波形有关。

②重复上面的步骤，将吸管剪成需要的长度，每一根吸管比上一根长5厘米，一共剪出7根长度不同的吸管。

③将吸管由长到短排列起来，将一端对齐，用胶带粘起来，试着吹奏，注意长短管音调的差异。（图2）

④长吸管发出的声音比较低，而短吸管发出的声音比较高。

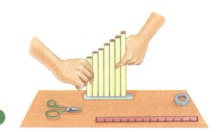

图2

爱迪生告诉你

吹奏吸管笛子时，嘴里的气流会振动敞口吸管中的空气，产生驻波，吸管越长，产生的驻波也就越长，波的频率也就越低，发出的声音也就越低；反之，吸管越短，产生的驻波就越短，波的频率就越高，发出的音调也就越高。

【生活中的科学】

为什么人们通过灌暖水瓶时的声音变化就能判断出水是不是灌满了？

水灌进暖瓶里，搅动了空气，使空气振动。随着水位的增加，上方的空气柱变短，所以音调越来越高。因此通过声音的变化，人们就可以准确地知道暖水瓶是否灌满了。

会吹口哨的纽扣

纽扣也会吹口哨，你一定感觉很奇怪吧！纽扣没有嘴巴，没有喉咙，它是通过什么来发音的呢？动手做一做下面的实验，一起来寻找答案吧！

工具百宝箱

1️⃣ 一根细而结实的绳子　　2️⃣ 一枚圆形的中间有四个孔的纽扣

趣味游戏DIY

① 把绳子穿过纽扣相对的两个孔，在绳子末端打结。（图1）

② 把纽扣两端的绳子，各套在两只手的食指上，转动纽扣几次，两只手要在同一个方向。

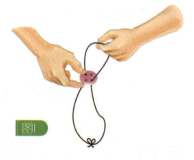
图1

你知道吗？

发声的物体一定在振动，而振动的物体不一定在发声，是因为这里指的发声是在人耳的听觉范围之内的发声，即20赫兹到20000赫兹，而有些物体振动的频率会高于或低于这个范围，即超声波或次声波是人耳听不到的，所以振动的物体不一定发声，其实是指振动的物体所发出的声音人不一定能全部听到。

214

③ 当绳子绕成一团时，分开两手，把绳子拉紧，然后将手收拢再分开，拉紧、分开交互进行，直到绳子解开为止。

④ 在这个过程中，纽扣转得很快，你会听到"嗡嗡嗡"的声音，就好像纽扣在吹口哨。（图2）

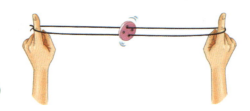

爱迪生告诉你

纽扣的快速转动带动了周围空气的振动，导致振动的纽扣会发出"嗡嗡嗡"的声音。

【生活中的科学】

生活中，当蚊子和苍蝇飞过我们身边时，我们总能听到一阵"嗡嗡嗡"的声音，这可不是蚊子和苍蝇嘴里发出的声音。

这是它们的翅膀在快速扇动周围的空气，使空气发生了振动，因此才有了"嗡嗡嗡"的声音。

 游戏中的**科学**

一个铃铛，两种声音

　　一般情况下，一个铃铛只能发出一种声音。不过下面这个游戏会让你看到同一个铃铛也可以发出两种声音的现象。有意思吧，快来自己动手试一试吧！

 工具百宝箱

① 铃铛　　　　　　　　　② 表面光滑的木棍
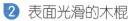

 **趣味游戏DIY**

　　① 以正常的方式摇动铃铛，铃铛发出清脆的"丁零零"的声音。（图1）

图1

　　② 用右手握住铃铛的手柄，铃口朝下，另一只手拿着木棍，并让它紧贴着铃铛的底端沿着周边旋转运动。这时，铃铛会发出一种"嗡嗡"的声音。（图2）

图2

③ 当铃铛发出"嗡嗡"的声音时，拿开木棍，再次摇动铃铛，你可以听到铃铛会发出"丁零零"和"嗡嗡"两种声音。（图3）

图3

爱迪生告诉你

摇动铃铛时，铃铛受到撞击而产生振动，所以就会响起来。铃铛能够发出两种声音是因为它受到了两种振动。摇动铃铛时，铃舌重重地撞在铃铛壁上，产生了一种尖锐单一的撞击，这使得铃铛发出一种清脆的"丁零零"声。木棍沿着铃铛底端做圆周运动时，对铃铛产生许多细微的撞击。这种细微的撞击每秒钟振动多次，振动频率与前者不同，使得铃铛发出了"嗡嗡"声。

【生活中的科学】

为什么人的声音像指纹一样，各有各的特点？

人的声音是由喉部的肌肉收缩引起声带的振动，再经过口腔、鼻腔的共鸣后发出的。每个人的声带特征不一样，振动频率和程度也不同，所以人的声音各有各的特点。即使有些人善于模仿他人的声音，也并不能达到与被模仿者完全一样的程度。

欢叫的小鸟

鸟儿的叫声婉转嘹亮，总引起人们无限的遐想。小朋友们试过模仿鸟儿的叫声吗？我们做个游戏来亲身体验一下吧！

 工具百宝箱

❶ 两个纸杯   ❷ 一支吸管

❸ 一卷胶带   ❹ 一把小刀

 **趣味游戏DIY**

① 把一个纸杯倒过来，在底部中央部位用小刀划一个边长约1厘米的三角形小孔。

② 将吸管平放在杯底上，吸管口正对着三角形小孔的一角，并用胶带固定好吸管。（图1）

图1

③ 用胶带把两个纸杯口对口地粘在一起，密封严实。

④ 向吸管中吹气，就会听到"呜呜"的鸟叫声了。（图2）

图2

爱迪生告诉你

这是一个关于共鸣的游戏。两只纸杯黏合在一起，便制造了一个封闭的共鸣箱。

我们借着吸管将空气通过三角形小孔传入杯内。杯内的空气受到振动形成声波，而声波在封闭的空间内能产生共鸣，声音强度变大，传出来的声音也就变大了。

【生活中的科学】

为什么喇叭能让声音变得更响亮？

这与喇叭的形状有一定的关系，声波在传播过程中会碰到各种障碍物，一小部分被障碍物吸收，更多一部分会被反射回来。如果反射面有规律地排列，那么，反射回来的声音也会有规律，听起来更清楚。喇叭就是利用这个原理，让声音有规律地反射出去，这样，声音不但会被扩大，还能很清楚地被听到。

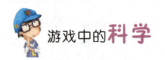
水球魔音

　　在气球内灌上水，它就能清晰地传播声音，听起来好像是水球自己在发出奇怪的声音，非常好玩。你想不想试一试呢？赶快参与到下面的小游戏中来吧！

工具百宝箱

❶ 两个橡皮薄膜气球　　　❷ 桌子　　　❸ 水　　　❹ 细线

趣味游戏DIY

①吹起一个气球，用细线将口扎好。

②将第二个气球的吹嘴套进水龙头，慢慢地注入水。当这个气球的大小跟第一个气球差不多时，停止注水，用细线将口扎好。（图1）

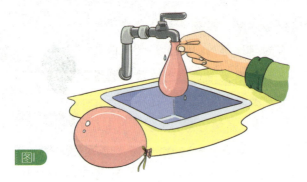

图1

③ 将两个气球放在桌上，用手指弹叩桌面。用耳朵分别贴着两个气球仔细倾听弹叩声，你会发现盛水的气球能传出比较清晰的声音。（图2）

图2

爱迪生告诉你

声音能传到我们的耳中，是因为我们周围的空气受到了声波的振动。空气中含有很多细微的粒子，即分子，分子与分子之间有一定的距离，分子通过振动可以传送声波。水分子之间的距离要小得多，它们传送声波的振动要容易得多。所以你通过"水球"听到的声音更清晰。

【生活中的科学】

为什么把小石子扔到水里，会产生一圈圈的波纹？

向水中扔一个小石子，平静的水面上就会出现一圈圈波纹。这是因为当小石子被抛到水里时，水面不但自己上下振动，还会带动邻近的水面跟着振动，邻近的水面又会带动附近的水面振动，如此下去，就产生了一圈圈的波纹。

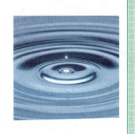

摇不响的铃铛

　　给你一个铃铛，你能在不破坏它的前提下，在摇动时不让它发出声音来吗？当然要排除掩耳盗铃的情况，很有挑战性吧？想知道怎么做吗？先来看看下面的游戏吧！

 工具百宝箱

① 同等大小的两个铁制圆筒　　　　② 胶塞、铃铛各两个

③ 酒精灯　　　　④ 铁支架　　　　⑤ 水　　　　⑥ 火柴

 **趣味游戏DIY**

　　① 取两个和铁筒上底大小相当的胶塞，每个胶塞的下面系一个小铃铛。

　　② 取下两个铁筒的上底，换上带铃铛的胶塞，要保证塞上胶塞后，铁筒不漏气。

　　③ 摇动铁筒，你会听到两个铁筒中都发出了清脆悦耳的铃铛声。（图1）

　　④ 取下一个铁筒的胶塞，向筒中注入少量水。把铁筒放在铁支架上，用点燃的酒

图1

精灯加热。（图2）

⑤ 等大部分空气排出后，迅速塞紧胶塞，再把铁筒放入冷水中冷却，然后摇动铁筒，就听不到铃声了，而摇动另一个铁筒仍然能听到铃声。（图3）

图2

图3

爱迪生告诉你

当加热后的空气全部排出后，把密闭的铁筒放入冷水中冷却，这样，铁筒内就形成了真空，所以再摇动铁筒就听不到铃声了。这个实验说明了声音能在空气中传播，在真空中是不能传播的。声音传播的关键因素是要有介质，介质指的是所有固体、液体和气体，这是声音传播的前提。真空是一种不存在任何物质的空间状态。在真空中，声音因为没有介质而无法传递，但电磁波的传递不受真空影响。

【生活中的科学】

为什么月球是一个寂静无声的世界？

月球上没有空气，处于超高真空状态，而声音的传播需要空气或其他介质，由于这个条件不能被满足，声音自然也就无法传播了。所以说月球上是寂静无声的。

猜你不知道

我国的回音建筑奇迹你知道多少？

我国古人很早就发现了回声现象，并利用回声的原理建造了不少回音建筑。在现存的这些建筑中，最著名的有四处，它们分别是：四川潼南石琴，当行人走在它上面时，脚下即会发出"咚！咚！咚！"的琴音；北京天坛回音壁，游人站在墙壁前呼喊，能很真切地听到回声；山西普救寺莺莺塔，当你站在塔前拍掌或者敲击塔身，便能听到清楚的蛙鸣回声；河南蛤蟆塔，如果你用掌击打塔身，就能听到"咯哇、咯哇"的蛙声。

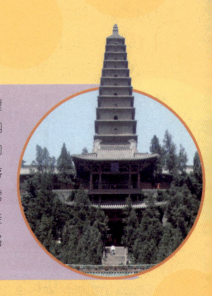

人的声音真的能震碎杯子吗？

在电影《神偷奶爸2》当中，艾格尼斯的独角兽玩具被抢走了，她一怒之下发出尖锐的吼叫声，瞬间将周围的玻璃全都震碎了。事实上，玻璃杯能"自然而然"地以一种频率发生振动。当歌唱家的歌声足够大并且达到这个频率的时候，就会与玻璃杯发生共振。他（或她）喉咙里发生的强烈震动足以打破杯子。然而，如果没有麦克风，这种"破坏"表演一般是很难实现的。

你在海螺里听到的海浪声是怎么回事？

当你把海螺拿到耳边听时，会以为听到了"海浪的声音"。但是，如果你在一个绝对安静的环境里听，却什么也听不到。这是为什么呢？这是因为海螺就像一个共鸣器，能把周围环境里的一种声音增强放大，被放大的这种声音十分有规律，而且延绵不断，所以会让你以为听到了遥远的海浪声。

第八章
奇幻自然界
8

大自然的奥秘无穷无尽的，茫茫的宇宙，神秘的星空，汹涌的波涛，还有进发的火山……它们带给人们无限的遐想。本章通过一个个简单有趣的小游戏将向你揭示大自然中那些平常现象背后所隐藏的秘密！

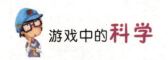 游戏中的**科学**

地震波是怎么回事

地震是由于地层岩石断裂或运动而产生地震波形成的。地震波分为横波和纵波，它们同时产生，但在地层中的传播速度不一样。你想了解地震波的奥秘吗？那就玩一玩下面的小游戏吧！

 工具百宝箱

1 一把尺子　　　　2 一团棉线　　　　3 一卷胶带纸

4 一把剪刀　　　　5 一张桌子

 趣味游戏DIY

① 剪一根60厘米长的棉线，将棉线的一端用胶带纸固定在桌子上。（图1）

图1

② 用手抓住棉线的另一端，把棉线拉直，用手指拨一下拉紧的棉线，听听声音。（图2）

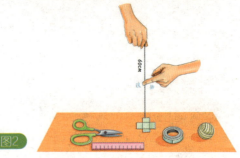

图2

③ 再用手指卷起棉线的一端，把卷着棉线的食指放在耳朵上。（图3）

④ 再拨一下拉紧的棉线，听听声音。

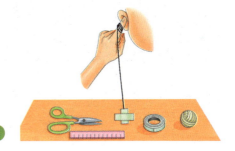

图3

⑤ 当把手指放在耳朵上时，振动的声音会变得更大。

爱迪生告诉你

声波在固体中的传播速度要比在空气中的快。纵波在地震时是最早到达震中的，它在密度高的物质内传播速度较快，横波要比纵波传播得慢。因此，当地震发生时，人们总是觉得先颠后晃。

【生活中的科学】

地震波按传播方式可分为：纵波、横波和面波。振动方向与传播方向一致的波为纵波（P波），来自地下的纵波引起地面上下颠簸振动。振动方向与传播方向垂直的波为横波（S波），来自地下的横波能引起地面的水平晃动。面波只能沿地表传播，是造成建筑物强烈破坏的主要因素。

岩石上升

地壳是由来自地球内部很深的岩石构成的。这些深层的岩石是怎样来到地球表面的呢？下面这个小游戏能帮你答疑解惑。

工具百宝箱

1 一个玻璃杯   2 一把小锥子   3 一枚大头针

4 一个小塑料瓶   5 水   6 油

**趣味游戏DIY**

1 在玻璃杯内装半杯水，再将油灌进塑料瓶内，盖上盖子。

图1

2 用小锥子在塑料瓶的盖上扎5个小洞。（图1）

图2

③ 将大头针扎进其中的一个小洞内。（图2）

④ 捏着大头针，将塑料瓶推入玻璃杯底部。（图3）

图3

⑤ 油滴从塑料瓶盖的洞口冒出来，升到玻璃杯的水面上。

爱迪生告诉你

　　油的比重比水小，也就是说，油滴的重量要比同样体积的水滴的重量轻，而且油不溶于水，要是油处于水底位置，它就会升向水面，所以油滴会漂浮在水面上。

【生活中的科学】

　　我们知道地球的内部由表及里可分为地壳、地幔、地核3层，它们均由岩石构成。

　　由于地球内部的温度很高，岩石会变形。当一种岩石受热后，它的比重就会比周围没有受热或受热较小的岩石小，于是就形成固体的岩滴，人们称这类岩石为"侵入褶皱"。"侵入褶皱"不断向地表挤伸，其热量不断软化地壳，发展到一定时候，它就能突破重重障碍来到地表。

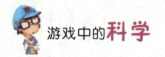

探秘地球内部结构

　　我们能够用钻探了解地球内部，可即使最先进的钻探也不过能穿透10千米，如果把地球比作一个苹果的话，那就意味着我们连表皮也没穿透。那你知道人类是如何去了解地球的内部结构的吗？

工具百宝箱

1 一个容积为两升的大碗　　　　　**2** 一个玻璃瓶

3 一支铅笔　　　　　　　　　　　**4** 水

趣味游戏DIY

① 碗里装上半碗水。

② 把玻璃瓶放在碗的中央。（图1）

图1

③ 用铅笔在碗口附近的水面上轻轻点几下，观察波纹。（图2）

图2

④ 在铅笔点到的地方会有一圈圈的波纹扩散，大部分波纹会在碰到瓶子时再弹回来。

爱迪生告诉你

铅笔点水使得水振动，所产生的波纹会从中心向四周扩散，但这些波纹无法穿过瓶子。

地震产生的横波比纵波速度慢，能量小，只能穿过固体物质，纵波却能在固体、液体和气体中自由传播。因此，横波在从地球的固体部分传到液态的地核时，会被弹回去；而纵波则可以一直到达地核。这就证明了地球的内部存在着液态物质。

【生活中的科学】

地球内部结构是指地球内部的分层结构。地球从外到里，被莫霍面和古登堡面分成三层，分别是地壳、地幔和地核。地壳主要是岩石，地幔主要由致密的造岩物质构成，地核，也就是真正的地球之心，主要是铁和镍，那里的温度可能高达6000摄氏度。

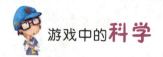

潮汐大小的秘密

　　凡是到过海边的人们，都会看到海水有一种周期性的涨落现象：到了一定时间，海水推波助澜，迅猛上涨，达到高潮；过后一些时间，上涨的海水又自行退去，留下一片沙滩，出现低潮。如此循环重复，永不停息。你知道潮汐是如何形成的吗？

 工具百宝箱

❶ 一个方形盘子

❷ 一个圆形盘子

❸ 一个浅盘子

❹ 水

 **趣味游戏DIY**

① 把三个盘子都装满水。（图1）

② 将方形盘子端在前面，向前走几步，观察会发生什么。（图2）

③ 然后分别将圆形盘子和浅盘子端在前面，向前走几步，观察会发生什么。

图1

图2

④ 你会发现，方形盘子里的水比其他盘子里的水更容易溢出来。

爱迪生告诉你

不同形状的盘子相当于不同形状的"海岸线"。浅盘子的边比较浅，斜度较小；方形盘子的形状比圆形盘子更不规则。在斜度小而浅的海岸，海水的涨落幅度小；在形状不规则的海岸，常会发生潮差特别大的潮汐。

【生活中的科学】

潮汐是由于日、月引潮力的作用，使地球上的海水产生周期性的涨落现象。它不仅可以被用来发电、捕鱼、产盐及发展航运、海洋生物养殖，而且对于很多军事行动有重要影响。历史上就有许多成功利用潮汐规律而取胜的战例。1939年，德国布置水雷，拦袭夜间进出英吉利海峡的英国舰船。德军根据精确计算潮流变化的大小及方向，确定锚雷的深度、方位，用漂雷战术取得了较大战果。

盐的来历

　　海水是盐的"故乡"，海水中含有各种盐类，其中百分之九十左右是氯化钠，也就是食盐。那你知道盐是怎么来的吗？下面这个游戏能告诉你答案。

工具百宝箱

1 两个纸杯　　　2 一张过滤纸　　　3 一些食盐　　　4 一些土

5 一把汤匙　　　6 一支铅笔　　　7 一张黑纸

8 一块橡皮泥　　9 一个盘子　　　10 水

趣味游戏DIY

　　① 用铅笔的笔尖在一个纸杯的底部钻6个孔，然后把过滤纸放入杯里。（图1）

　　② 在另一个杯子里装入一汤匙土和一汤匙盐，混合均匀后倒入装有过滤纸的杯子里。（图2）

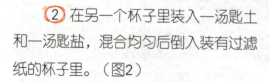

③ 将黑纸放在盘子上。把橡皮泥搓成3团，放在黑纸上，做支撑杯子的脚，把装有土和盐的杯子放在橡皮泥上。（图3）

土和盐混合物

图3

④ 将3汤匙水洒在土和盐的混合物上，让水慢慢地流到黑纸上，然后把黑纸放到太阳底下晒。

⑤ 你会发现，黑纸上有盐的白色结晶。

爱迪生告诉你

当水在盐和土的混合物中流动时，盐会溶于水并被水带到黑纸上。当黑纸上的水分蒸发后，盐的白色结晶就会留在纸上。

【生活中的科学】

海水也是可以利用的，海水淡化就是一种有效的方法。海水淡化即利用海水脱盐生产淡水，是实现水资源利用的开源增量技术，可以增加淡水总量，且不受时空和气候的影响，水质好，价格渐趋合理，可以保障沿海居民饮用水和工业用水等的稳定供水。另外，海水还可以制食盐，也可以从中提取肥料。

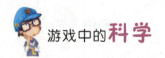

日食是怎么发生的

　　日食对于很多小朋友来说很神秘，其实它并没有什么神秘之处，不过就是月球挡住了太阳照向地球的光而已。想看日食，随时都可以，做一下下面这个游戏你就明白了。

 工具百宝箱

1 一个网球　　　　　　　　　　**2** 一颗弹珠

 **趣味游戏DIY**

1 左手拿着网球，将左手臂往前伸直。

【生活中的科学】

为什么我们看到日食的机会比月食少？

　　就全地球而言，每年出现日食的次数比月食多。人们看到日食的机会少是由于日食带的范围小，地球上只有局部地区可见；而月食一旦发生，处于夜晚的半个地球上的人都可以看到。

　　对某一地区平均而言，看到月食的机会就比日食多了。

 右手拿着弹珠，放在网球与眼睛之间。
（如图）

 闭上左眼，然后把弹珠慢慢地移向你张
开的右眼。随着弹珠慢慢地移向右眼，网球会渐
渐地看不清楚，最后会完全消失。

爱迪生告诉你

弹珠代表月球，网球代表太阳。弹珠与网球在靠近观察者的时候，都会
挡掉从对面发出的光。因此，当月球运行到太阳和地球之间时，就会像弹珠
一样遮住阳光。太阳被月球遮住的现象，就叫日食。

你知道吗？

持续时间最长的日食

当月球运行到地球和太阳中间，如
果正好与地球和太阳在一条直线上，太阳
的光芒被月球挡住，月球的影子正好落在
地球上，那么地球上相应的位置就会出现

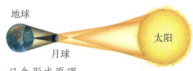
地球
太阳
月球
日食形成原理

日食。在地球上月影里的人们开始看到阳光逐渐减弱，太阳面被圆的黑影
遮住，天色转暗，全部遮住时，天空中可以看到最亮的恒星和行星，几分
钟后，从月球黑影边缘逐渐露出阳光，开始生光、复圆。

日食持续的最长时间为7分31秒。1955年发生在贵城西部持续时间为7分
8秒的日食是近年来最长的一次。据预测，2186年大西洋中部地区将发生一
次持续时间7分29秒的日食。

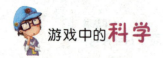

波浪的形成

海面上总会泛起层层波浪，浪花朵朵，非常漂亮。可是，你知道这些波浪是如何形成的吗？动手做一做，完成下面的实验，你就知道答案了！

 **工具百宝箱**

① 一个较浅的大盆子　　　　**②** 一根吸管　　　　**③** 水

 **趣味游戏DIY**

① 装半盆水，将吸管的一端靠近盆中的水面。（图1）

图1

② 通过吸管的另一端向盆中的水面吹气。

③ 先轻轻地吹，再用力地吹，观察水面的变化。（图2）

④ 水面会形成波浪。轻轻地吹时，波浪较矮；用力地吹时，波浪较高。

图2

爱迪生告诉你

风的移动是波浪形成的原因之一，波浪的高度取决于风的速度。风速越快，所携带的能量就越大，能量传递给水面，形成的波浪就越高；反之则越矮。

【生活中的科学】

当波浪涌上岸边时，由于海水深度愈来愈浅，下层水的上下运动受到了阻碍，受物体惯性的作用，海水的波浪一浪叠一浪，越涌越多，一浪高过一浪。与此同时，随着水深的变浅，下层水的运动，所受阻力越来越大，以至于到最后，它的运动速度慢于上层水的运动速度，受惯性作用，波浪最高处向前倾倒，摔到海滩上，成为飞溅的浪花。

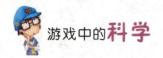

探秘水土流失

水土流失是大自然的一种现象，但人为因素会加剧它的进程。你想知道水流是怎么侵蚀土地的吗？做完这个小小的实验你就会明白了。

工具百宝箱

1 一支铅笔 　　　　**2** 一个纸杯 　　　　**3** 一根吸管

4 一块橡皮泥 　　　**5** 一块30厘米长的木板 　**6** 一些土

7 一个装满水的广口瓶 　　　　　　　　**8** 水

趣味游戏DIY

1 用铅笔在纸杯的杯壁下部钻一个洞，把吸管剪成两截，把其中一截插入纸杯的洞中，并用橡皮泥将纸杯上吸管周围的缝隙封好。（图1）

图1

2 把木板放在地上，用土将木板的一端垫高5厘米左右，在木板表面撒上

薄薄的一层土。（图2）

③ 把杯子放在木板垫高的一端，吸管朝向木板另一端。用手指堵住吸管口，把水倒满杯子。

④ 放开堵住吸管口的手指，观察水流的情况。（图3）

⑤ 把木板洗干净，将其一端垫高15厘米，再铺上一层土，重复2～4步。

⑥ 木板上的土会被水冲走。木板越倾斜，冲走的土就越多。

图2

图3

爱迪生告诉你

当斜度加大时，水流的速度就会加快，水流的能量也越大。在这个实验中，从上面流下来的水会把土往下冲，而且水的流速越大，能量就越大，被冲走的土就越多。

【生活中的科学】

水土流失不仅使土壤肥力下降，导致大量表层肥沃的土壤丧失；还使水库淤积，河床抬高，通航能力降低，洪水泛滥成灾，恶化生态环境；在高山深谷，水土流失常引起泥石流灾害，危及工矿交通设施安全。

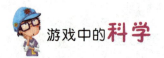

人工"降"雨

　　雨有很多作用，它不仅可以灌溉农作物，利于植树造林，还可以补充地下水，补充河流水量，增加水库蓄水，从而利于航运和发电。可是，你知道天为什么会下雨，雨是怎么来的吗？

 工具百宝箱

① 一个带盖的广口瓶　　　② 一些冰块　　　③ 水

 **趣味游戏DIY**

① 把水倒进瓶里，浅浅地没过瓶底。（图1）
② 把瓶盖倒放在瓶口上。

图1

③在瓶盖上放3～4块冰块。（图2）

④10分钟后观察瓶盖下方。

⑤瓶盖下方看起来很湿，最后会形成很多的小水珠。

图2

爱迪生告诉你

　　瓶子里的一部分水分会蒸发形成水蒸气。当这些水蒸气碰到冷的瓶盖时就会凝结成小水滴。自然界中，河水、湖水、海水等都会蒸发，当水蒸气上升到更冷的上空时，就会凝结成小水滴。天上的云就是由空气中的小水滴构成的。

【生活中的科学】

　　酸雨会引起森林衰退、湖泊酸化、土壤贫瘠、粮食减产、建筑物腐蚀等。酸雨降落到湖里，湖里的藻类会减少，鱼类、虾类会死亡甚至灭绝。酸雨引起的酸雾，还会使鸟类受到伤害。酸雨对我们人类的身体健康危害也很大。

瓶子中的 "温室效应"

生活中，我们经常会见到玻璃育花房和蔬菜大棚，它们正是利用温室效应的原理来帮助生产的。然而，温室效应对地球气候是有很大危害的。温室效应到底是怎么回事呢？下面这个游戏能给你答案。

 ## 工具百宝箱

1 有盖的广口瓶   2 两支温度计   3 两张黑色美术纸

 ## 趣味游戏DIY

① 确定两支温度计的温度指数都和正常的户外温度一样。

② 在户外找个有阳光的地方，把广口瓶平放。（图1）

图1

③ 拿一张黑色美术纸，上面放支温度计，放进广口瓶里，盖紧盖子。（图2）

图2

④ 将另一支温度计放在广口瓶旁边的另一张黑纸上。（图3）

⑤ 记录两支温度计的温度，等10分钟后再记录一次。

⑥ 瓶子里的温度要略高于外边的温度。

图3

 爱迪生告诉你

瓶子是一个密闭的空间，模拟出了地球大气中大量二氧化碳的存在所产生的温室效应。

二氧化碳就像瓶子的玻璃一样，会包住热气，虽然阳光同时照射在两张黑纸上，它们吸收光后会产生相同的热能，但是，热气却无法从玻璃瓶中散发出去，因此瓶内的温度要高于瓶外。

【生活中的科学】

温室效应又称"花房效应"，是大气保温效应的俗称。大气能使太阳短波辐射到达地面，但地表向外放出的长波热辐射线却被大气吸收，这样就使地表与低层大气温度增高，因其作用类似于栽培农作物的温室，故名温室效应。

自工业革命以来，人类向大气中排入的二氧化碳等吸热性强的温室气体逐年增加，大气的温室效应也随之增强，已引起全球气候变暖等一系列严重问题，引起了全世界各国的关注。

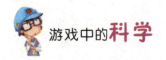

满眼"星光"

众所周知，夜晚的星空非常美丽。可是，白天你就看不到美丽的星星。怎么才能在白天也能看到星星呢？不要着急，来试试下面这个小游戏吧！

工具百宝箱

1️⃣ 一个薯片筒　　　2️⃣ 一枚钉子　　　3️⃣ 一支手电筒

4️⃣ 一支铅笔　　　5️⃣ 一本天文书　　　6️⃣ 一把剪刀

 趣味游戏DIY

1️⃣ 依照天文书上的星星图案，用钉子在薯片筒的盖子上戳一个"星星"孔。（图1）

图1

2️⃣ 把手电筒较细的一端压在薯片筒另一端的中央，用手压出棱来，然后用铅笔按照棱画个圆圈，并用剪刀把圆圈剪下来。（图2）

图2

③ 将手电筒塞进洞里，到黑暗的房间去，对着天花板打开手电筒。（图3）

图3

④ 天花板上，你会看见一群小星星。转动薯片筒，你还能看见星星移动。

爱迪生告诉你

在游戏中，转动薯片筒，你看见天花板上的星星在移动。这跟真实的星星位置的移动是同一个道理。

即使是在每天晚上相同的时间，星座的位置也会改变。而且有些星星是在特殊的季节里才能看到的。

【生活中的科学】

星星时刻都在天空中闪烁，我们在白天看不到星星是因为大气散射了太阳的一部分光线，把天空照得十分明亮，使人看不到星星微弱的光。如果没有大气的散射作用，在白天就能看到星星。

月亮上没有大气，无法散射太阳光，所以月亮上的白天是可以看到星星的。

长尾巴的彗星

你一定知道哈雷彗星吧？它和其他彗星一样，总是拖着长长的尾巴划过夜空。为什么彗星会有一条长长的"尾巴"呢？通过下面这个小游戏我们一起探秘一下吧！

工具百宝箱

1 一个乒乓球   2 三束毛线   3 一卷胶带

4 一根筷子   5 一把小刀   6 一台电扇

**趣味游戏DIY**

① 用小刀在乒乓球上割开一个小洞，将筷子插入洞中，并用胶带粘牢。

② 再将3束毛线用胶带粘在乒乓球上。（图1）

 打开电扇，把加工好的乒乓球举到电扇前，可以发现毛线飘了起来。（图2）

图2

爱迪生告诉你

　　游戏中，风把毛线吹了起来。同理，由于受太阳发出的强烈的太阳风的吹动，彗星在绕太阳飞行的时候，自身散发出的气体就会被吹离太阳，朝着太阳相反的方向延伸，从而形成彗尾。

【生活中的科学】

为什么有的彗星有两条尾巴？

　　彗星在靠近太阳时，可能会有两条尾巴：一条是笔直延伸的电离尾，一条是扩散、弯曲的尘埃尾。电离尾是太阳风摩擦彗星表面，形成电离现象而造成的，它尾部所指的方向永远与太阳相反。尘埃尾则是彗星在太空行进时，受太阳能量照射，受热剥落分散而成的碎屑，尘埃尾会受太阳或附近行星的影响而产生偏移现象。

太阳的 "怪事"

如果我告诉你，你看到的地平线上的日出或者日落都是假的，你相信吗？想知道这是为什么吗？下面这个游戏会告诉你答案。

工具百宝箱

1. 一个装有水的瓶子
2. 几本书
3. 一盏台灯
4. 一张桌子

趣味游戏DIY

① 把几本书叠在一起，放在桌子的一端上，并把装有水的瓶子放在书旁边。（图1）

图

你知道吗？

月晕的形成

环绕地球的大气层有时候也会变得半透明。当地球表面海拔很高的地方形成冰晶时，冰晶会把来自月亮的光折射回去并发散，使月亮看起来好像被一个光晕环绕着。

② 把台灯放在桌子的另一端，要注意书的高度要能挡住灯光。（图2）

图2

③ 结果，即使灯的位置比书还低，灯光被书挡住，你还是能看到灯光。

爱迪生告诉你

在这个游戏里面，当灯光照射时，圆形的装有水的瓶子就像地球大气层，大气层会折射光线，让你看到光线的影像。日升或日落时的阳光，必须穿透厚厚的地球大气层。

所以，太阳从地平线升起前的几分钟，我们就能在地平面看到太阳影像了。日落时，因为折射光线的缘故，就算太阳已经落下了，我们还是可以暂时看到太阳的影像。

【生活中的科学】

有没有可能背对太阳站着，仍能欣赏到日落的景象？

如果你是在金星上，那么这样的想法是可以实现的。在金星上，大气非常稠密，这就会造成一种奇特的光学现象，即大气折射能使接近地平线的太阳光弯曲近180度，因此，在金星上，即使背向太阳，也可以欣赏日落的奇景。

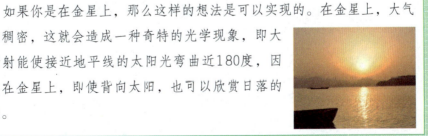

火山喷发

火山喷发是自然界常见的一种现象，但是有些火山在喷发时并没有那么强烈，而有些则能带给人类毁灭性的灾难，为什么会有这样的差别呢？让我们通过下面的小游戏来探究一下吧！

 工具百宝箱

❶ 三个空带盖子的塑料瓶	❷ 圆规	❸ 小苏打粉
❹ 醋	❺ 玉米粉	❻ 汤匙

 **趣味游戏DIY**

① 在3个空塑料瓶里倒入醋，各倒半瓶即可，将一汤匙玉米粉放进其中的一个瓶里。（图1）

② 在装玉米粉的那个塑料瓶的瓶盖上扎10个洞，在另外一个瓶的瓶盖上也扎10个洞，第三个瓶的瓶盖不扎洞。（图2）

③ 将3个瓶盖打开并翻过来，每个瓶盖里都放一点小苏打，然后盖上盖子，小苏打很快掉进瓶里。（图2）

图3

④ 放玉米粉的那个瓶里有气泡从盖上的小洞里冒出来，接着，黏稠的液体挤开瓶盖并流淌出来。瓶盖未扎洞的瓶子中，液体喷涌着将瓶盖弹开，再慢慢流淌。剩下的瓶子中，白色液体从小洞射出，像喷泉一般。（图3）

爱迪生告诉你

小苏打和醋混合后会产生大量的气体，这些气体溢出瓶子时，带出了液体。火山喷发也是同样的道理，地层深处的热熔岩中含有大量气体，它们破地而出时，带出了液态的岩浆。如果岩浆不黏稠，就会流出或者喷出。如果太黏稠，就会堵塞出口。

【生活中的科学】

为什么有一些火山会喷出冰块？

在冰天雪地的北极，火山爆发时会喷出大量的冰块。因为覆盖在火山顶上的是很厚的冰层，冰层下的火山一旦苏醒，就以强大的力量掀开冰盖，从而将冰块喷发出来，造成奇特的喷冰现象。

地球与月亮的亲密关系

　　我们都知道，月亮一直绕着地球跑。你有没有想过，是什么让月亮围绕着地球不停地跑呢？下面这个游戏既好玩，又能解答你的疑惑，快来试试吧！

工具百宝箱

1 一个直径约1厘米的打孔珠子　　　　**2** 一个内装沙土的沙包

3 一根尼龙绳子

趣味游戏DIY

　① 用尼龙绳的一端拴紧沙包；另一端穿过珠子的小孔，再打结拴紧。
（图1）

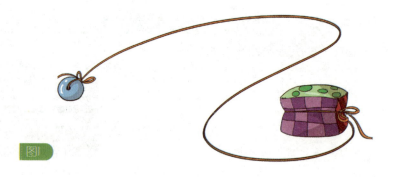

图1

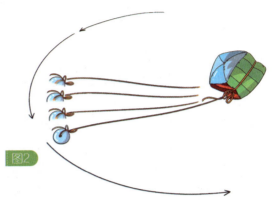

② 找一个没人的空旷地方，比如操场，拿着小珠子在头顶上甩动，加速到一定程度后，松手向前甩去。仔细观察，你将会发现，沙包带着珠子一起向前飞行，并且珠子绕着沙包转动。（图2）

爱迪生告诉你

在游戏中，由于沙包较重，珠子较轻，珠子被沙包"吸引"着绕沙包转动，同时沙包也被牵动，二者螺旋式前进。同理，月球由于受到地球的引力，在地球围绕太阳公转的轨道上，其围绕着地球公转，并对地球产生一股吸引力。

【生活中的科学】

如果地球自转的速度加快了会怎么样？

如果地球自转的速度加快17倍，那么会使距离地轴最远的赤道处的物体包括人飞出去，海洋和空气都会被抛进外太空。

但是站在北极或南极一带的人位于地轴上，是不会感觉出有什么变化的。

猜你不知道

▌为什么我们始终看不到月亮的背面呢？

　　如果你有留心就会发现我们所看到的月亮表面图案一直没有变过，即我们始终看到的只是月亮的一面，为什么月球始终不肯将其另一半展示给我们呢？由于地球对月球的引力造成月球的各圈层之间的摩擦，损耗了月球自转的能量，使月球自转的速度减缓，其自转一周与环绕地球运动一周的时间相等，两种运动的方向和速度一致，所以我们始终看不到月球的背面。

▌地球的自转速度很快，为什么我们却感觉不到？

　　我们之所以感觉不到地球的运动是因为很难找到合适的参照物。理论上说，远处的星星可以帮我们看出一点儿地球运动的迹象，但星星离我们实在太远了，我们很难在短时间里察觉出它们的移动。而我们周围的一切事物都在随着地球一起运动，我们和它们之间是相对静止的，所以我们感觉不到地球的转动。

▌早晨和中午的太阳大小有差异吗？

　　你一定看过日出，如果留心你就会发现，早晨的太阳比中午的太阳感觉要大！这是为什么呢？难道太阳在一天之内的大小会发生变化吗？不是的。在一定条件下，人会发生错觉。一个物体在一些小的物体中间看起来就大一些，而在一些大的物体中间看起来就小一些。早晨的太阳，从地平线上升起来的背景是树木、房屋及远山，还有一小角天空。在这样的比较下，此时的太阳会显得很大。而中午太阳高高升起，广阔无垠的天空是背景，此时太阳就显得小了。

第九章

奇趣动物园 9

虽说人类是地球上的主宰，但你千万不要小瞧动物们，它们也有它们的天赋异禀：蜜蜂是"千只眼"，蚯蚓最喜欢下雨天，苍蝇可以死而复生，蜘蛛喜欢音乐，鸡爱吃沙子，蚱蜢有不为人知的鼻子……别着急，玩过本章的游戏，你就都明白了。

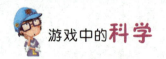

神奇的猫眼

在伸手不见五指的黑夜里，你一定不能活动自如了吧？然而猫就可以。在黑暗中，我们能看到猫的眼睛在闪闪发光，你知道猫的眼睛存在着什么奥秘吗？

 工具百宝箱

1 一支手电筒　　　　2 一把剪刀　　　　3 胶带

4 彩色纸　　　　　　5 一个空易拉罐

 趣味游戏DIY

① 把彩色纸剪成圆形，圆形纸的大小正好能盖住易拉罐的开口。然后在圆形纸的中间剪一个椭圆形的开口。（图1）

图1

② 将易拉罐上面的盖剪掉，用胶带把圆形纸粘在易拉罐的开口处。（图2）

图2

③ 在漆黑的房间内，打开手电筒，照射易拉罐彩纸上椭圆形的开口。（图3）

图3

④ 当手电筒的光照到彩纸上时，椭圆处显得特别明亮。

爱迪生告诉你

猫的眼睛里有一层特殊的薄膜，叫反光膜。反光膜能够对光进行反射，而且在光线微弱时，猫的瞳孔就会放大，增强反射光线，使猫能够看清黑暗中的物体。

实验中，当手电筒的光照向椭圆形开口时，易拉罐底部的铝箔会将光线反射回来，起到与猫眼中的反光膜相似的作用，所以反射出的光线特别明亮。

【生活中的科学】

科学家们模仿猫眼的结构，研制出了微光夜视仪，它可以利用月光、星光等微弱光线，将微光放大，清晰地观察目标。微光夜视仪主要应用于军事领域。

游戏中的**科学**

"千只眼" 的蜜蜂

　　一只小小的蜜蜂居然有上千只眼！真是不可思议！可是，你知道吗？ "千只眼" 的蜜蜂居然还有看不到的东西，这是为什么呢？

 工具百宝箱

① 黄、红、蓝、黑四种颜色纸各一张　　② 圆规　　③ 一林水

④ 四个碟子　　⑤ 糖　　⑥ 一把剪刀　　⑦ 蜜蜂

 **趣味游戏DIY**

① 用圆规在四种不同颜色的纸上各画一个直径为15厘米的圆，用剪刀剪下来。（图1）

图1

② 在四个碟子中都加入糖和水。

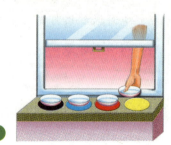
图2

③ 把不同颜色的圆形纸片放在屋外，在每张纸片上放一个小碟子。（图2）

红色、黄色和蓝色纸上的碟子中的糖水吸引了很多蜜蜂，而黑色纸上的碟子中的糖水上几乎没有蜜蜂。

爱迪生告诉你

蜜蜂的眼睛是由许多独立的小眼紧密排列而成的，被人们叫作复眼。蜜蜂的复眼能看到许多我们看不到的颜色，甚至能看到紫外线。

实验中，蜜蜂能看到黄纸和蓝纸上的碟子中反射的黄光以及蓝光，因此这两个碟子中的糖水能吸引蜜蜂。红色光能反射大量的紫外线，所以也可以吸引蜜蜂。只有黑色将光都吸收了，所以黑纸上的碟子中的糖水就无法吸引蜜蜂。

【生活中的科学】

人们根据复眼的结构特点和工作原理，制造出一种叫作"偏光天文罗盘"的仪器，被用来为船舶和飞机导航。

游戏中的**科学**

困在水里的青蛙

很多动物只能生活在陆地上，而鱼类只能生活在水里。青蛙却既可以在水里自由自在，又能在岸上活蹦乱跳。那么青蛙能不能长时间生活在水里呢？要是待在水里，它又是怎么呼吸的呢？

工具百宝箱

1 一只青蛙   2 一个装青蛙的小笼子   3 水草

4 一个大玻璃鱼缸   5 清水

趣味游戏DIY

① 往鱼缸里加满清水，把准备好的水草放到鱼缸里，并把鱼缸放到阳光下。（图1）

图1

你知道吗？

青蛙是人类的好朋友，是农民为田地除虫的好帮手，从儿童到老人人人皆知。其种群在平原、丘陵、山地等均有广泛的分布，一只青蛙平均每年要吃1万只昆虫。

② 把青蛙小心地放到小笼子里，关好笼门。（图2）

③ 把小笼子放到水里，沉到缸底放好。仔细观察几天。（图3）

图2　　　　　　　图3

④ 几天之后，你会发现，青蛙依旧很活跃。

爱迪生告诉你

　　青蛙主要靠肺呼吸，也可以靠皮肤辅助呼吸。它的皮肤里分布着丰富的毛细血管，能直接与外界进行气体交换，辅助呼吸。因此，被困在水里的青蛙仍可以用皮肤来呼吸，所以能活得好好的。

【生活中的科学】

　　像青蛙这样既能在水中生活又能在陆地上生活的动物叫两栖动物，其他的两栖动物还有蟾蜍、蝾螈和大鲵等。

　　其中大鲵又叫娃娃鱼，是世界上现存最大的，也是最珍贵的两栖动物。

喜欢雨天的蚯蚓

下暴雨时，蚯蚓就会从土壤中爬到地面上来。你一定很奇怪吧，难道蚯蚓喜欢淋雨吗？通过下面的实验，我们一起来了解一下蚯蚓吧。

 工具百宝箱

❶ 一个装有蚯蚓和泥土的玻璃缸　　　❷ 适量小砂石

❸ 一个杯子　　　❹ 水

 **趣味游戏DIY**

① 将小砂石装到杯子里，半杯即可。

② 往装有小砂石的杯子里倒水，直到水将砂石淹没，仔细观察。（图1）

图1

③ 往装有蚯蚓和泥土的玻璃缸中倒水，直到泥土刚好被水淹没。（图2）

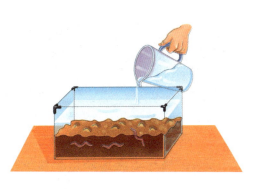

图2

④ 你会发现装有砂石的杯子里，当水淹没砂石时，在很短的时间里，会有气泡出现，后来又没有气泡了。当装有蚯蚓和泥土的玻璃缸中的泥土被水淹没时，不一会儿，蚯蚓就会爬到泥土表面上来。

爱迪生告诉你

当你往杯子里倒水时，水会将砂石或泥土中的空气挤出来，也就是我们看到的气泡。当泥土中的氧气变少直至消失时，蚯蚓需要呼吸空气，就会爬到泥土表面来。

所以，当大雨使地面积水时，蚯蚓为了获得足够的氧气，就会爬到地面上来。

【 生活中的科学 】

蚯蚓对人类的益处很多，被称为"环境净化者"。蚯蚓在土壤里活动，使土壤疏松，能够起到改良土壤的作用。它的粪便中含有丰富的氮、磷、钾等养分，有利于植物的生长。

聪明的蚂蚁

很多小朋友喜欢吃糖。那么，你知道蚂蚁也很喜欢吃糖吗？而且，蚂蚁还能区分糖和糖精呢！

工具百宝箱

 ① 一杯糖水 　　　　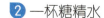 ② 一杯糖精水 　　　　 ③ 一群蚂蚁

趣味游戏DIY

① 在地面上滴几滴糖水，再在离糖水20厘米的地方滴几滴糖精水。（图1）

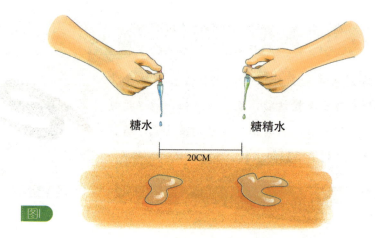

糖水　　　　糖精水

20CM

图1

② 把蚂蚁放到这两种水的附近，观察蚂蚁会爬向哪一种水滴。

③ 蚂蚁会朝着糖水的方向爬过去。（图2）

糖水　　　　　　　　　　　　　糖精水

图2

爱迪生告诉你

　　蚂蚁喜欢天然的甜饮料，因为天然的糖分子更适合蚂蚁的味觉感受器。蚂蚁没有适合人工甜味剂的味觉感受器，所以它们也就不会光顾含糖精的水滴。

【生活中的科学】

　　蚂蚁的味觉感受器不在蚂蚁的嘴里，而是在它的触角上，蚂蚁通过触角来触摸食物、品尝食物和嗅气味。

　　如果蚂蚁的洞穴里缺少糖分，会对它们的生长发育很不好。为了能够找到充足的糖分，蚂蚁一旦发现甜的东西，触角就会自动硬起来，这是蚂蚁的一个天性。

鱼的条件反射

狗很忠诚，只要主人一召唤，它就会摇着尾巴跑过去，可是，你能指挥得了鱼吗？下面这个游戏将会教给你一个绝妙的办法。

 工具百宝箱

❶ 两个分别装有金鱼和水的鱼缸　　　　　❷ 一个蓝色小盘子

❸ 一个红色小盘子　　　❹ 鱼食　　　❺ 一根小木棍

 趣味游戏DIY

 用蓝色小盘子装鱼食，放进一个鱼缸里，让金鱼来吃。（图1）　图1

你知道吗？

伊凡·彼德罗维奇·巴甫洛夫（1849—1936），俄国生理学家、心理学家、医师，高级神经活动学说的创始人，高级神经活动生理学的奠基人，条件反射理论的建构者，也是传统心理学领域之外而对心理学发展影响最大的人物之一。1904年获得诺贝尔生理学奖，是世界生理学家中第一个享有该荣誉的科学家。

② 用红色小盘子装鱼食，放进另一个鱼缸里，接着用小木棍驱赶金鱼，不让它吃食。（图2）

③ 几次之后，观察金鱼对蓝色盘子和红色盘子的反应。

图2

④ 几次之后，金鱼只要一看到蓝色盘子，就会纷纷游过来；一看到红色盘子，就会浮躁不安，四下逃窜。

爱迪生告诉你

鱼有辨别红色和蓝色的能力，多次用蓝色盘子喂鱼，会使鱼形成条件反射，一看到蓝色盘子就知道有食物吃，就会游过来；红色盘子使鱼害怕也是同样的道理。

【生活中的科学】

简单来说，条件反射是指两样本来没有任何联系的东西，因长期一起出现，以后，当其中一样东西出现时，便无可避免地联想到另外一样东西，是有机体因信号的刺激而发生的反应。

很多动物都会形成条件反射。比如狗听到召唤声后会跑过来。

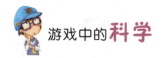
复活的苍蝇

　　奄奄一息的苍蝇居然还能复活，它的命可真大啊！让我们一起来看一看苍蝇是如何"起死回生"的！

 工具百宝箱

① 干盐粒若干克　　　② 一只活的苍蝇　　　③ 一张滤网

④ 一张纸巾　　　　　⑤ 一杯水

 **趣味游戏DIY**

　① 将苍蝇放进水里。

　② 过一会儿，用滤网把它捞出来，放在纸巾上，发现苍蝇已经奄奄一息了。（图1）

 图1

③ 在苍蝇身上撒一层干盐粒，观察一会儿，看苍蝇有什么变化。（图2）

④ 过一会儿，苍蝇从盐堆里爬出来，飞走了。

图2

爱迪生告诉你

把苍蝇浸在水中，水就进入了苍蝇的气管，导致苍蝇无法呼吸，就会奄奄一息。而干盐粒能够吸收水分，把干盐粒撒在苍蝇身上，就能把苍蝇气管中的水吸出来。

这样，苍蝇又可以呼吸了，就"活"了过来。

【生活中的科学】

其实生活中有很多利用物体吸水性原理的例子，干燥剂就是很典型的一个。

它的干燥原理就是通过物理方式将水分子吸附在自身结构中，或通过化学方式吸收水分子，并改变其化学结构，变成另外一种物质，从而使周围的空气保持干燥。

 游戏中的**科学**

爱"音乐"的蜘蛛

如果我告诉你蜘蛛也喜欢"音乐"，你肯定会问："它听得懂吗？"如果你不相信，那就让下面的实验来帮你开开眼界吧！

 工具百宝箱

❶一根小木棍　　　❷一个音叉　　　❸一只带有蜘蛛网的蜘蛛

趣味游戏DIY

①一只手拿音叉，一只手拿着木棍。

②用小木棍撞击音叉。（图1）

图1

③ 让 "嗡嗡" 作响的音叉接触蜘蛛网。（图2）

④ 你会发现，蜘蛛向音叉爬来。

爱迪生告诉你

　　蜘蛛是通过蜘蛛网来捕食的，一旦有昆虫落网，蜘蛛便通过网上传递的振动来判定有什么猎物。所以，当你拿着 "嗡嗡" 作响的音叉接触蜘蛛网时，蜘蛛感觉到了振动，以为有食物落网，所以会朝音叉爬来。

【生活中的科学】

　　蜘蛛通过这种方式来捕食，看似很被动，其实效率还是挺高的。这是因为蜘蛛结的网可以反射紫外线，许多昆虫就会朝着蜘蛛网飞过来。此外，蜘蛛网还有很好的强度和韧性，不易破裂，这也提高了蜘蛛捕食的成功率。

游戏中的**科学**

爱吃沙子的鸡

我们时常会看到鸡总是在地上啄来啄去的，其实它们并不是在寻找食物，而是在不停地吃沙子。你一定会想，将沙子吃到肚子里，那能消化吗？

工具百宝箱

① 十几粒葵花子　　　② 一小袋沙子

③ 一杯水　　　　　　④ 一个盘子

趣味游戏DIY

① 剥开葵花子，把瓜子仁放在盘子里。（图1）

图1

② 在放瓜子仁的盘子里倒水，使其浸泡一会儿。（图2）

③ 取出瓜子仁放进装有沙子的袋子里。（图3）

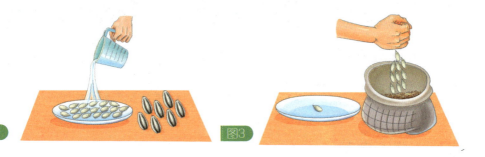

图2　　图3

④ 用手不停地揉搓袋子，然后观察瓜子仁有什么变化。

⑤ 你会发现，瓜子仁在与沙子的摩擦中被磨碎了。

爱迪生告诉你

　　因为鸡没有牙齿，吃进去的食物整块进入体内，很难消化。但是有了沙子就可以帮助磨碎食物，使食物更容易被消化了。

【生活中的科学】

　　鸡的脖子下面有一个嗉囊，它能存放并软化食物，再把食物送到胃里，胃里有一个砂囊，砂囊里的石子和沙粒，能代替牙齿磨碎食物。所以鸡和别的鸟类一样都没有牙齿，在吃食物时，一定要吃石子和沙粒来帮助消化。

蚱蜢的"鼻子"在哪里

你知道蚱蜢的"鼻子"在哪里吗？是不是和许多动物一样，在头上呢？如果不在头上会在哪里呢？

 工具百宝箱

① 一只蚱蜢　　　　② 一个盆　　　　③ 水

 **趣味游戏DIY**

① 在盆里倒上半盆水，把蚱蜢的头浸入水里，几分钟后，蚱蜢和平时一样，没有任何反应。（图1）

图1

② 将蚱蜢的尾部浸入水中，蚱蜢还是没有任何反应。（图2）

图2

③ 把蚂蚱的腹部也浸到水里，观察蚂蚱有何反应。（图3）

图3

④ 把蚂蚱从水里捞上来，观察蚂蚱有何反应。

⑤ 把蚂蚱的头部和尾部浸到水里，蚂蚱没有反应；把蚂蚱的腹部浸到水里，蚂蚱就出现呼吸不正常的反应；把它移出水面，它又会恢复正常。

爱迪生告诉你

蚂蚱是靠"鼻子"呼吸的，蚂蚱的头部和尾部被浸到水里，蚂蚱的呼吸不受影响，说明蚂蚱的"鼻子"不在头部和尾部。当蚂蚱的腹部被浸到水里时，蚂蚱腿乱蹬，翅膀乱抖，说明"鼻子"被堵塞了，它的呼吸受到了影响，这证明蚂蚱的"鼻子"在腹部。

【生活中的科学】

世界上的动物多种多样，并不是所有动物的身体结构都是一样的。像蚂蚱这样，"鼻子"长在肚子上的动物还有蚂蚁、蝈蝈等。它们这样的生理结构是由自身生存需要决定的。

游戏中的**科学**

鸟为何能在空中飞

在天空中，鸟儿们自由飞翔着。你一定也想变成一只鸟，飞上天空吧？你知道鸟儿为什么能在空中飞翔吗？

工具百宝箱

1 一把剪刀　　　　　　**2** 一张白纸　　　　　　**3** 一把尺子

趣味游戏DIY

① 用白纸剪一条2.5厘米宽的纸条。（图1）

② 将纸条的一端贴在嘴巴的下方。（图2）

③ 向着纸条的上方吹气。

④ 当你朝纸条吹气时，空气会在纸条上方快速运动，纸条会向上飘动。

爱迪生告诉你

在气流经过的地方，气流运动越快，空气的压力会变小。向纸条吹气时，纸条下面的空气压力不变，但纸条上方的气流加快，空气压力变小，所以纸条下方的空气就会向纸条上方施加压力，使纸条向上飘动。鸟的翅膀形状可使其上方的空气快速流动，就会产生向上推起的力，鸟就能在空中飞起来。

【生活中的科学】

人们根据这种原理，发明了飞机。当飞机滑行时，机翼上侧产生的空气压力要小于下侧，这就使飞机产生了一个向上的托力。当飞机滑行到一定速度时，这个向上的托力就达到了足以使飞机飞起来的力量。于是，飞机就飞上了天。

猜你不知道

▌你发现你家狗狗的情绪变化规律了吗？

　　仔细观察你家狗狗的耳朵、口鼻和尾巴，来了解它们不同时段的情绪。如果它摇动尾巴，表明它很高兴，这点正好与猫相反。当它的尾巴翘起、伸得直直的并且一动不动，则表明它正气势汹汹的；而尾巴耷拉下来，夹在后腿之间，表示狗狗害怕了，妥协了。如果它的耳朵竖起，嘴巴张开，鼻子起褶了，就表示它气势正盛，处于统治地位；相反，耳朵耷拉在后面则表示它害怕了。

▌为何鹰在很远的地方就能看到很小的猎物？

　　那些从高空俯冲而下捕猎的鹰是怎样看清自己的猎物的呢？他们非凡的视力在于它们的眼睛能够对光线中的紫外线做出反应，而人的眼睛却无法识别这种高能量的短波射线。借助紫外线，鹰能够在空中识别并追踪猎物，尤其是田鼠。在飞越一块田地时，鹰可以根据视野中田鼠踪迹的量，判断出田地里田鼠的大概数量。

▌为何水鸟刚出水抖抖身子羽毛就会变干？

　　水鸟在水中泡了那么长时间，上岸后只要抖一抖身上的羽毛，就跟没沾过水一样，难道它也有热吹风机吗？原来水鸟的体腺会分泌出防水的油脂，水鸟每次下水游泳都会用嘴把体腺分泌出来的油脂涂在它们的羽毛上，这样水就不会浸湿羽毛，还有利于飞翔。

第十章
植物也"调皮"
10

如果告诉你有一种豌豆会追逐阳光，有一种花香不会消失，植物也会"汗流浃背"，牵牛花也有生物钟，还有小豆子们也会像你们一般淘气，你会不会相信呢？先别下定论，本章所设计的小游戏——揭开这些奥秘，你准备好了吗？开始游戏吧！

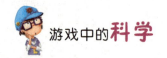

追逐阳光的豌豆

"万物生长靠太阳！"尤其是植物，阳光对它们的生长来说非常重要。把豌豆放在黑暗曲折的迷宫里，它依然能循着阳光找到出路，你知道这是为什么吗？那就在下面的游戏中寻找答案吧！

 工具百宝箱

1 豌豆种子若干　　2 一个鞋盒　　3 一个花盆　　4 一把剪刀

5 两张硬纸片　　6 一个装满水的喷壶　　　　　7 一小袋肥料

 趣味游戏DIY

① 将豌豆的种子在水里浸泡一天，然后把种子种到花盆里，施肥、浇水。（图1）

图1

② 把鞋盒的一端剪一个圆孔，并在里面左右交叉贴两道隔墙，并各留下一个空隙。如图所示。（图2）

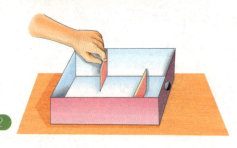
图2

③ 把鞋盒竖起来，让有圆孔的一侧向上，花盆放入鞋盒的一角，盖上盒盖。如图所示（图3）

图3

④ 把鞋盒摆在温暖、有阳光的地方。

⑤ 几天之后，你会发现豌豆芽弯弯曲曲地朝着有光的方向生长，从鞋盒的圆孔钻了出来。

爱迪生告诉你

植物均有对光线敏感的细胞，指挥着植物的生长方向。所以，即使在光线十分微弱的鞋盒里，豌豆芽也能弯弯曲曲地朝着有光的方向生长，只是其颜色却是苍白的，因为它在黑暗中无法生成对其生长极其重要的叶绿素。

【生活中的科学】

在马路上，我们常会看到一些"歪脖子"树，那是因为树木接受阳光不均匀。

在了解了植物的向光性后，我们在养花的时候，可以时不时地转一下花盆，让花的每个部分都能接受到阳光的照射，这样便能避免花的枝叶长偏或长歪了。

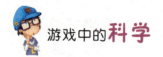
自动浇花的瓶子

如果家里短期没有人，家里的花由谁来照顾呢？别担心，有"自动浇灌器"帮你的忙，瓶子会在植物需要水的时候，自动浇水。你知道瓶子是怎么知道花什么时候需要浇水的吗？

工具百宝箱

1 一个空啤酒瓶　　　　　　2 清水

3 一个漏斗　　　　　　　　4 一盆花

趣味游戏DIY

① 用漏斗把啤酒瓶灌满清水。
（图1）

图1

② 用手掌捂住瓶口，然后迅速将啤酒瓶子倒立。

③ 把倒立的啤酒瓶瓶口部分快速插入花盆的土壤中。（图2）

④ 啤酒瓶中有气泡出现，这样，瓶子中的水就可以浇灌植物好几天了。

图2

爱迪生告诉你

瓶中的水慢慢流入土壤中，相应的空气就会跑到瓶中，所以你会看到瓶中有气泡出现。当瓶口周围的土壤潮湿以后，就会形成密封状态，空气无法注入瓶中，瓶中的水就不再外流。

天气暖和的时候，你可以观察到瓶中升起的气泡要比天冷的时候多，因为热天植物需要更多的水。

【生活中的科学】

养花需要经常浇水，否则它就会干枯。然而，所有的绿色植物并不是只要有足够的水分就能生长的。除了需要水之外，它们还需要阳光、空气和土壤等元素。

植物也会"出汗"

植物每天都会"喝"很多的水，可是这些水分都到哪里去了呢？其实植物和人一样，也会"出汗"，水分会从叶片表面分布的大量微小气孔散发出来。通过下面的实验，你会看到植物是怎么"出汗"的。

 工具百宝箱

1 一盆花   2 装有水的喷壶

3 较大的塑料袋   4 胶带

 **趣味游戏DIY**

① 用喷壶给花浇足够的水。（图1）

图1

② 将大塑料袋套在花上，并用胶带将下面的开口封严。（图2）

图2

③ 将花盆放在有阳光的地方。

④ 几小时后，你会发现植物真的"出汗"了，塑料袋的里面有很多小水珠。

爱迪生告诉你

植物从土壤中吸收的水分，从根部沿导管向茎、叶输送，经叶片表面分布的大量微小气孔向空中释放，以水蒸气的形式散发到体外，这是植物的蒸腾作用。

当花被塑料袋套上，散发的水蒸气遇到塑料袋时，由于塑料袋的温度较低，水蒸气便会凝结成小水珠。

【生活中的科学】

植物的蒸腾作用，在一天内会随着时间段的不同而不同。从日出后到下午两点前后，蒸腾作用会随着光照的增强而逐渐增强。

下午两点以后，光照会逐渐减弱，这时植物体内的水分需求也在逐渐减少，叶片表面的气孔也会逐渐关闭，直到日落后，蒸腾作用会降到最低。

植物的光合作用

　　植物每天也要"呼吸"，但和人类不同，我们吸入的是氧气，呼出的是二氧化碳；而植物却恰恰相反，它们吸入的是二氧化碳，呼出的却是氧气，这就是植物的光合作用。来看一看植物是如何"呼吸"的吧！

 工具百宝箱

❶ 一个玻璃杯　　　　　❷ 一根水草　　　　　❸ 水

❹ 一个碟子　　　　　　❺ 一支墨水笔　　　　❻ 一把尺子

 趣味游戏DIY

　① 将一根水草放入玻璃杯中，将杯中倒满水。（图1）

图1

　② 将碟子盖在玻璃杯上，用手按住碟子，迅速翻转。

　③ 这时，会有少量的水从玻璃杯中流出来，立刻向碟子中加水，以阻止

图2

水从玻璃杯中继续流出。（图2）

④ 在玻璃杯的顶部，会有空气出现，用墨水笔标记出水面的高度，然后把玻璃杯放在一个阳光强烈的地方。每隔一小时，标记一次水面高度。（图3）

图3

⑤ 两个小时后，观察杯子上的标记，测量两个标记间的长度。

⑥ 玻璃杯中的水变少了，碟子中的水增加了。

爱迪生告诉你

水草的叶子含有叶绿素，可以利用阳光，将水分子分解成氢原子和氧原子，它们和二氧化碳发生反应，生成氧气和葡萄糖。氧气将玻璃杯中的水排出，水进入碟子中，因此玻璃杯中的水面就越来越低。

【生活中的科学】

绿色植物广泛地分布在地球上，不断地通过光合作用吸收二氧化碳，释放出氧气，为人类和其他生物提供了充足的氧气。据估计，地球上的绿色植物每年大约制造四五千亿吨有机物，几乎为地球上所有生物的生存提供了能量来源。

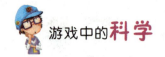

游戏中的**科学**

奇异的双色花

　　植物的生长除了需要阳光、土壤和水，还需要一定的肥料。那你知道植物是如何吸收养分的吗？它又是怎样将养分输送到植物的每个部位的呢？

工具百宝箱

❶ 一枝开白色花的花梗　　❷ 两支玻璃管　　❸ 红色墨水和蓝色墨水

❹ 一个玻璃杯　　❺ 清水

趣味游戏DIY

　　① 用清水稀释蓝色墨水和红色墨水，各灌入两支玻璃管中。（图1）

　　② 把两支玻璃管置入一个玻璃杯中。

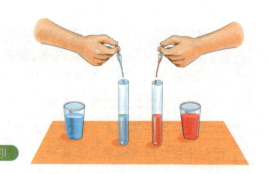

图

③ 把一枝开白色花的花梗切开，分成两部分，并把这两部分花梗末梢分别放入两支玻璃管中。（图2）

图2

④ 白色花的花梗很快就会改变颜色，只要几个小时，花朵就会变成一半为红，一半为蓝的双色奇花了。

爱迪生告诉你

有色液体顺着花梗平时从根部吸取水分和营养的维管束上升，颜色最后停留在花瓣上，而其中的液体则通过孔隙散发到外面。

【生活中的科学】

在种植植物时，人们会给植物浇水、施肥，让肥料溶在水中，而水又会散入土壤中。植物通过吸收土壤中的水，溶于水中的养分就会随着水分的传输，输送到植物的各个部位，这样植物才会长得更好。

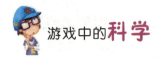

叶子的"鼻子"在哪

人类每时每刻都需要呼吸空气，我们主要通过嘴和鼻子来呼吸。其实，植物也需要呼吸，它们是通过叶子进行呼吸的，而叶子有正面和背面，你知道植物的"鼻子"在哪一面吗？

 ## 工具百宝箱

1 一株盆栽观叶植物　　　2 一瓶凡士林

 ## 趣味游戏DIY

① 在两片叶子的正面涂上厚厚的一层凡士林。（图1）

图1
叶子正面

你知道吗？

夏天烈日下，植物气孔关闭，蒸腾作用减弱，那叶子是如何降温呢？植物体内水分很多，而水的比热容较大，因此即使在一段时间的高温条件下，植物也不会因此而有过大的不良反应。但由于气孔关闭，蒸腾作用受抑制，植物很难吸收水分，而植物体内水分会从皮层缝隙蒸发，但不能带走很多热量，因此植物体温度会暂时升高。不过夏季烈日条件时间不会太长，因此植物不会有多少危险。

②在另外两片叶子的背面涂上厚厚的一层凡士林。（图2）

叶子背面

图2

③每天观察一次。一周后，发现背面涂有凡士林的叶子会枯萎，而正面涂有凡士林的叶子则没有什么变化。

爱迪生告诉你

叶子的背面有很多气孔，也就是叶子用来呼吸的"鼻子"。当叶子背面被涂上凡士林后，气孔被堵住，叶子不能吸收到二氧化碳进行光合作用，又排不出产生的氧气，这样叶子就会枯萎。而叶子的正面没有气孔，被涂上凡士林后，对叶子的生长也没有影响。

【生活中的科学】

冬天的时候，有的树叶子都掉光了。那这时候树是怎么呼吸的呢？其实植物不光叶子上有"鼻子"，连根和茎上也有很多"小鼻子"。如果植物的叶子没有了，它们可以通过根和茎上的小气孔继续呼吸空气来维持生命。等到了春天，植物又可以长得非常茂盛了。

游戏中的**科学**

提取叶绿素

植物叶子的细胞里含有叶绿体，在叶绿体中存在一种独特而重要的绿色色素——叶绿素。叶绿素的"功能"在于能进行独特的光合作用——把吸收的二氧化碳与水合成有机物，作为植物生长所需要的能量贮存起来。

工具百宝箱

① 一个玻璃杯	② 一瓶酒精（纯度90％—95％）	③ 一口锅
④ 一片绿叶	⑤ 燃气灶	⑥ 热水

趣味游戏DIY

① 把一片绿叶放入玻璃杯中，再加入酒精到淹没叶片为止。（图1）

图1

②在锅里加入热水，再将玻璃杯放到锅里。（图2）

③将锅放到燃气灶上，点火加热。（图3）

图2　图3

④ 过一会儿，会发现无色的酒精完全变成了绿色，绿叶也变成黄白色了。真的把绿叶中的"绿色"提取出来了。

爱迪生告诉你

叶绿素能溶解在酒精中，将叶片放到沸腾的酒精中煮一下，叶绿素就会跑到酒精中，所以酒精变成了绿色。这样，叶子中的"绿色"就和叶子分开了。

【生活中的科学】

叶绿素对人体有着非常重要的作用。饮用叶绿素对产妇或因意外失血者有很大的帮助。而且叶绿素还有排毒养颜的功能，可以帮助人们除去体内的毒素，抑制皮肤感染，起到养颜美肤的作用。

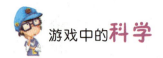

游戏中的**科学**

牵牛花的生物钟

　　一朵牵牛花，你让它什么时候开放，它就会乖乖地在你指定的时间内开放。你是不是觉得这很神奇呢？其实是我们改变了它的生物钟，从而改变了它开放的时间。赶快试试看吧！

工具百宝箱

❶ 一个不透明的深色塑料袋　　　❷ 一朵含苞待放的牵牛花

❸ 一根绳子

趣味游戏DIY

　　❶ 晚上，把一朵含苞待放的牵牛花用深色塑料袋套好，用绳子绑住袋口。（图1）

图1

296

②第二天早上，把深色塑料袋揭掉。

③大约5分钟后，观察牵牛花的变化。（图2）

图2

④你会发现，牵牛花在揭掉深塑料袋后几分钟，就开放了。

爱迪生告诉你

牵牛花通常在凌晨四点左右开放。

光对某些植物的生物钟是有影响的，当用不透光的深色塑料袋把牵牛花套住后，牵牛花体内的生物钟就会受到干扰，从而发生改变，因此会延迟到早晨揭开深色塑料袋后才开放。

【生活中的科学】

种植花卉的工人们就是充分利用了光对植物生物钟的影响来进行工作的。

冬天，我们在花店或者在花卉展上会看到很多反季节开放的花朵，这是因为工人们对这些花朵进行了充分的人工光照，才使这些花儿在严冬也能盛开得绚丽多姿。

游戏中的**科学**

没有种子也能发芽

　　胡萝卜没有种子怎么可能发芽呢？你可能会产生疑问，其实我们只要把切下的胡萝卜头栽入土壤中，过几天，它就可以发芽，长出茎和叶了。

工具百宝箱

1 一些沙土　　　　　　　2 一段切下来的胡萝卜头

3 一个大碗　　　　　　　4 水

趣味游戏DIY

　　① 在大碗里倒一些沙土，然后用水将沙土充分淋湿。（图1）

图1

　　② 把切下来的胡萝卜头切口朝下插进沙土里。（图2）

图2

③ 将大碗放在阳光能照射到的地方，要保持沙土的潮湿状态。

④ 一周后，胡萝卜头会冒出绿色的嫩茎和嫩叶，并开始生长。没有种子的胡萝卜真的发芽了。

爱迪生告诉你

切下来的胡萝卜头中含有一部分的茎和根，含有胡萝卜生长所需的物质。胡萝卜的根里储藏了很多养分，只要有水，胡萝卜就会长出茎来，然后再萌发出叶子。

【生活中的科学】

生活中，不需要种子就可以发芽的植物很多。例如我们吃的菠萝也是如此，其具体做法如下：

1.切除菠萝的顶冠，连带大约2厘米的果肉部分，放在一边晾干。

2.在花盆底部铺一层鹅卵石以便排水。

3.把等量的沙子和花盆堆肥（土壤）混在一起，制成轻质、透水性良好的混合土。

4.用花盆土和沙子的混合物填满花盆，轻轻压平。

5.把切好的菠萝顶冠放入合适的位置，用花盆堆肥（土壤）盖住肉质部分。

6.浇好水，然后把整个花盆放入塑料袋中，扎紧袋口，以保持空气温暖而潮湿。最后将其置于一个温暖的窗台上。

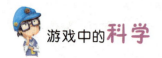

不会消失的花香

　　花儿总会在开放一段时间后就凋谢，花香也随之散失，你有办法将花香留住吗？

 工具百宝箱

① 一些散落的有花香的花瓣　　② 一个玻璃杯

③ 一瓶酒精（纯度为95%）　　④ 一根圆形木棒

① 把花瓣放在玻璃杯里，用木棒把花瓣捣碎。（图1）

图1

②用小勺把捣碎的花瓣放入一个装有纯度为95％的酒精的瓶内，封好口。（图2）

图2

③一周后，打开瓶盖，就可以闻到花香了。

爱迪生告诉你

花瓣中的香味物质，可溶解在酒精里。只要打开瓶盖，溶解在酒精中的香味物质，就会悠悠地飘出来。几片花瓣就让一瓶酒精发生如此大的变化，四溢的香气让它独具风味。

【生活中的科学】

生活中，人们还会从许多植物中提取出对人类生活有用的物质。例如从芳香的花卉中可以提取出的香精油，对人体具有奇妙的医疗效果；柠檬油能提神醒脑，提高工作效率；含羞草油可助消化，治疗呼吸道疾病，也有助于恢复青春，延缓衰老。

"积极向上"的植物

植物为什么总是向上生长，而不横着生长或向下生长呢？即使你把它横着放了，过几天它还是会向上长。是什么原因总让植物向上长呢？

工具百宝箱

① 两块玻璃板　② 吸水性好的纸　③ 若干已萌芽的萝卜或豆类的种子

④ 两根橡皮筋　⑤ 能放下玻璃板的盛水容器

趣味游戏DIY

① 拿几粒已经萌芽的萝卜或豆类的种子，放在两块玻璃板中间的吸水纸上，用橡皮筋把两块玻璃板固定住。（图1）

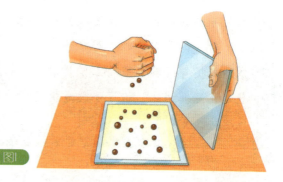

图1

② 把玻璃板放到盛水容器中，然后一起放在窗子旁边。（图2）

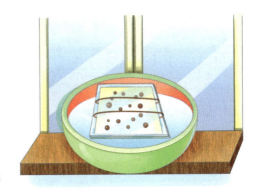

③ 每两天把夹有萌芽的玻璃板调换一个角度。

④ 你会发现，萝卜或豆类的种子的根永远往下扎，而茎却永远往上长。

图2

爱迪生告诉你

植物体内含有植物生长素。

植物生长素会使植物的细胞变长。由于重力作用的影响，植物生长素会向下聚集在茎的底部，植物生长素浓度增高，促进茎细胞伸长，从而使茎向上生长，根部则永远朝地心方向发展。

【生活中的科学】

由于植物的茎总是向上生长，植物的根永远向着地心这一特性，使人们在播种时就可以不用考虑种子的姿态，不用将种子一粒一粒地正向播到土里。

人们只需要将种子随意播到土里，植物的茎就会向上长出来，根就会深深地扎进向着地心方向的土里。

猜你不知道

你知道在法国各种花的花语是什么吗？

在法国，花的语言能表达和传递细腻的感情，每种花都有它的花语，代表着特定的意义：

勿忘草——长相守，勿相忘　　红玫瑰——我感到炽热的爱情

风信子——我心幸福　　　　　香豌豆——你不可信

蓝色八仙花——你的移情别恋让我痛苦

水仙花——冷酷无情

不过要送这些花，有一个条件就是对方要能理解你通过送花所表达的信息哟！

为什么切洋葱时常常会"泪流满面"？

几乎每次切洋葱的时候都会"泪水涟涟"，是对洋葱有所不舍吗？不是的。原来洋葱内含有一种挥发性物质，它遇到水可以生成一种低浓度的亚硫酸，会刺激眼球，使人泪流难忍。为了防止眼睛流泪，可以在有通风条件的地方切洋葱，让这种挥发性物质及时排出。

植物的种子能在快速旋转的车轮上生长吗？

想象一下，假如有足够的时间和持续性，让植物的种子在快速旋转的车轮上生长，会有一个什么样的结果呢？你肯定想不到，它的根会向轮外，茎却会顺着半径方向朝轮子的中心生长。这是由于重力作用被从轮心向外的力的作用代替了。茎总是向重力相反方向生长的，因此，在这种情形下，它就沿着从轮缘到轮轴的方向向轮心生长了。